中国最美小镇理论与实践探索

乡村旅游促进乡村振兴新模式

THEORETICAL AND PRACTICAL EXPLORATION OF THE MOST BEAUTIFUL VILLAGES IN CHINA

方忠权◎著

Theoretical and Practical Exploration of the Most Beautiful Villages in China

中国经济出版社
CHINA ECONOMIC PUBLISHING HOUSE
北京

图书在版编目（CIP）数据

中国最美小镇理论与实践探索：乡村旅游促进乡村振兴新模式 / 方忠权著．--北京：中国经济出版社，2022.10

ISBN 978-7-5136-7132-3

Ⅰ．①中… Ⅱ．①方… Ⅲ．①乡村旅游-作用-农村-社会主义建设-研究-中国 Ⅳ．①F320.3

中国版本图书馆 CIP 数据核字（2022）第 195005 号

策划编辑 赵静宜
责任编辑 罗 茜
责任印制 马小宾
封面设计 久品轩

出版发行 中国经济出版社
印 刷 者 北京柏力行彩印有限公司
经 销 者 各地新华书店
开　　本 710mm×1000mm 1/16
印　　张 15
字　　数 208 千字
版　　次 2022 年 10 月第 1 版
印　　次 2022 年 10 月第 1 次
定　　价 78.00 元
广告经营许可证 京西工商广字第 8179 号

中国经济出版社 **网址** www.economyph.com **社址** 北京市东城区安定门外大街 58 号 **邮编** 100011
本版图书如存在印装质量问题，请与本社销售中心联系调换（联系电话：010-57512564）

序言

最美小镇源于法国，在欧洲已经发展了近40年。目前，全球数十个国家已成立各自的“最美小镇协会”，欧洲已有超过1000个最美小镇。2003年，法国、比利时、意大利共同发起成立了国际性旅游组织“世界最美小镇联合会”，最美小镇成为国际知名的文旅品牌。世界最美小镇联合会的质量宪章明确提出，联合会的宗旨是通过乡村地区遗产的保护和利用，提升遗产的价值，提高公众对这些乡村地区衰退状况的认知，并最终促进乡村地区的经济发展。

党的十九大报告明确提出实施乡村振兴战略，按照产业兴旺、生态宜居、乡风文明、治理有效、生活富裕的总要求，让农村成为安居乐业的美丽家园。世界最美小镇的宗旨与我国乡村振兴战略的目标一脉相承。在此背景下，中国文化管理协会遗产保护委员会副理事长、中法建筑遗产保护与发展合作项目发起人王永和先生提出成立中国旅游协会最美小镇分会，打造一批中国的最美小镇。王永和先生始终心系中国古镇、古村落遗产的保护和可持续发展，多年来与世界最美小镇联合会及各国最美小镇协会保持密切联系，致力于推动世界最美小镇在中国落地，将全球最美小镇的发展理念和成功经验引入中国。2016年，时任国务院副总理刘延东与时任法国外长艾罗在巴黎共同签署了《中法最美小镇保护与发展合作框架协议》和《中法建筑遗产保护与发展合作框架协议》，明确由法方协助中方成立中国最美小镇协会。2019年12月27日，中国旅游协会最美小镇分会在北京正式成立。

最美小镇是美丽乡村的典型和代表，能够成为乡村地区经济发展的新平台、文化传承的新载体、美丽宜居的新典范。探索中国最美小镇的发展之路，探讨乡村旅游促进乡村振兴的新模式，有利于促进乡村旅游的高质量发展和小镇品质的提升，对于我国乡村振兴战略的实施具有重要的现实意义。

本书中国内小镇的资料由小镇会员单位提供，国外小镇资料来源于世界最美小镇联合会。同时，中国旅游协会最美小镇分会创始人王永和、中国旅游协会最美小镇分会会长易映森、中国旅游协会最美小镇分会会员部部长陈志刚、对外联络部部长岳洋等提供了大量数据和资料，在此深表感谢！

筑梦新时代，奋斗新征程。新的历史时期赋予了中国最美小镇建设新的历史使命，我们相信，中国的最美小镇必将在乡村振兴的浪潮中积极作为、大有可为！

方世权

2022年10月

目 录

第一章 最美小镇的起源与发展理念 ………………………… 001

一、最美小镇的起源 ………………………………………… 003

二、最美小镇的内涵与发展理念 ………………………………… 004

第二章 中国小镇发展的现状透视 ………………………… 009

一、中国小镇发展的政策环境 ……………………………… 011

二、中国特色小镇内涵与特征 ……………………………… 016

第三章 小镇建设的价值重构：打造中国最美小镇 ………… 021

一、打造中国最美小镇的重大意义 …………………………… 023

二、中国最美小镇的发展 …………………………………… 027

三、中国最美小镇的内涵与基本特征 ………………………… 032

第四章 中国最美小镇的发展方向：打造健康生活目的地 …… 035

一、健康生活是中国发展的刚需 …………………………… 037

二、中国政府对健康生活高度重视 …………………………… 038

三、健康生活目的地的内涵 ………………………………… 042

四、健康生活目的地的打造 ………………………………… 042

第五章 中国最美小镇的评定 ……………………………… 055

一、中国相关小镇的评定 …………………………………… 057

二、中国最美小镇的评定 …………………………………… 072

三、最美小镇评定和国内相关小镇评定的区别 …………………… 084

第六章　国外最美小镇的评定 …………………………………… 087

一、评定标准 ……………………………………………………… 089
二、最美小镇遴选流程 …………………………………………… 093

第七章　国外最美小镇的运营管理 ……………………………… 097

一、最美小镇的运营 ……………………………………………… 099
二、最美小镇的管理 ……………………………………………… 102
三、国外最美小镇经验借鉴 ……………………………………… 105

第八章　打造中国最美小镇的对策建议 ………………………… 109

一、让最美小镇成为乡村振兴的重要平台 ……………………… 111
二、以最美小镇建设引领我国的小镇建设 ……………………… 113
三、将最美小镇打造成乡村旅游发展的增长极 ………………… 114
四、加大宣传力度，争取多方面支持 …………………………… 118
五、搭建统一合作平台 …………………………………………… 119
六、推动标准的实施 ……………………………………………… 120
七、提升小镇的旅游品质 ………………………………………… 120

第九章　最美小镇案例分析 ……………………………………… 127

一、中国最美小镇 ………………………………………………… 129
二、国外最美小镇 ………………………………………………… 138

附件 1　最美小镇评定规范 ……………………………………… 172
附件 2　法国最美小镇协会的质量宪章 ………………………… 203
附件 3　世界最美小镇联合会章程 ……………………………… 211
附件 4　中国旅游协会最美小镇分会质量标准（讨论稿） … 220
附件 5　中法最美小镇保护与发展合作框架协议 …………… 230

第一章

最美小镇的起源与发展理念

一、最美小镇的起源

最美小镇起源于法国。1981 年初夏，时任法国科隆格拉·鲁日（Collonges-la-Rouge）小镇镇长的查尔斯·塞拉克（Charles Ceyrac），看到一本关于美丽的法国小镇的著作，他强烈地意识到自己找到了一种方法来从事一项非常有意义的工作，即把人们的能量和热情凝聚起来，保护法国这些独特村庄的优秀遗产，推动各具特色的乡村小镇的保护和市场开发，为解决乡村人口外流提供可选择的方案。1982 年 3 月 6 日，在法国康塔勒省的萨莱尔，66 位小镇镇长在查尔斯·塞拉克的倡议下，成立了法国最美小镇协会。最美小镇协会的根本目标一直没有改变，即“确保加入协会的村庄的遗产质量，从而提高其声誉，进而促进小镇经济活动的发展”。

法国小镇的历史遗产保护和价值提升模式，很快引发了其他国家和地区的效仿，世界各国在法国模式基础上，纷纷成立了各自的最美小镇协会。欧洲已有超过 1000 个最美小镇，“最美小镇”已成为国际知名的文化旅游品牌，被称为旅游界的“米其林”。

2003 年，法国、比利时瓦隆、意大利的最美小镇协会共同发起成立了世界最美小镇联合会，这一联盟机构通过相互合作，为世界上正在筹划成立的其他最美小镇协会提供专业支持。2010 年，日本最美小镇协会加入联合会。2012 年，加拿大魁北克最美小镇协会也加入了联合会。之后，罗马尼亚、德国萨克森州、西班牙、韩国、俄罗斯也相继以观察员的身份加入联合会。

自 2018 年以来，最美小镇在全球的影响力持续加深，尤其是南美洲、亚洲地区各国，对世界最美小镇协会高度认可，并纷纷成立了本国的最美小镇协会。

2018 年 10 月 26 日，伊比利亚美洲国家（在美洲说西班牙语和葡萄牙语的国家和地区总称）最美小镇协会成立峰会在西班牙举行，西班牙、葡萄牙、秘鲁、哥斯达黎加、墨西哥、萨尔瓦多、巴西、巴拉圭、波多黎各等 15 个国家出席。随后，葡萄牙宣布成立本国最美小镇协会。2019 年 3 月，世界最美小镇联合会代表会见了摩洛哥旅游管理部门负责人，摩洛哥表示希望成立本国的最美小镇协会。4 月，黎巴嫩成立了最美小镇协会。同时，在马德里举办的世界旅游组织大会上，世界最美小镇联合会主席迈斯特先生向所有参会人员隆重介绍了世界最美小镇联合会，其中，他特地介绍了联合会的观察员——中国。

世界最美小镇联合会主要担负三大使命。

第一，可持续发展。可持续发展是为拯救卓越的遗产（物质的或非物质的）而选择的道路。这些遗产在过去发挥了至关重要的作用，还是地方未来发展的希望。

第二，国际交流。世界最美小镇联合会的成员和等待被接纳的成员认为，建立国际关系至关重要，能促进各国的文化交流。

第三，传统文化的保护和利用。最美小镇的文化、艺术和景观，为游客提供了多个目的地和难忘的旅行体验。

二、最美小镇的内涵与发展理念

（一）关于 Villages 的含义

“世界最美小镇”的法语和英文名称分别为 Les Plus Beaux Villages de la Terre 和 The Most Beautiful Villages in the World。从法语和英语单词来看，“小镇”都是用的“Villages”表示。从中文角度来看，这个词的意思为“村庄”。

评选最美小镇的目的是通过对乡村遗产的保护和利用，促进乡村地区经济的发展，因此其对象是“Villages”。近年来，我国的“小镇”建设蓬勃发展，各种特色小镇、旅游小镇遍地开花，现在的小镇概念已经不是之前的小镇概念。之前的小镇是一个行政建制镇，或者一个行政建制镇的镇政府所在地，而现在的“小镇”已经泛化，可以是一个景区、一个历史街区、一个古村落，或具有某种功能的几座建筑物等。因此，我们将“Villages”翻译成“小镇”更符合中国的实际情况。

（二）最美小镇的内涵

首先，最美小镇中的“最美”，不仅是指外表最美，还包括内在的历史文化内涵之美；小镇也不是通常的建制镇，而是包括古村、古镇、古城在内的地域单元。最美小镇要体现历史文化价值，体现历史文化的原真性。

其次，最美小镇的核心是保护与发展。“保护”是指保护小镇文化遗产；“发展”是指文化遗产的价值提升。最美小镇的所有努力不只是为了保护好小镇的遗产，同时要为经济发展贡献一份力量，即通过保护和提升这些卓越遗产的整体价值，达到提高声誉并支持小镇经济发展的目的。

（三）最美小镇的发展理念

自最美小镇创立开始，其成长策略就是在“质量、声誉、发展”的基础上制定的。最美小镇建设的最终目的是要改变农村地区经济衰退的现象，支持小镇经济发展。在实践中，要尽量避免把这些小镇变成没有灵魂的博物馆或主题公园。

各国最美小镇建设都在践行“质量、声誉、发展”的发展理念。例如，在法国，最美小镇协会是一个包含 158 个小镇会员的全国性网络，这些小镇来自法国 14 个大区中的 70 个省。从普罗旺斯到布列塔尼，从巴斯克地区到阿尔萨斯，从诺曼底到鲁西永，法国的土地上遍布着各式各样的乡村小镇。有的盘踞在高处，有的坐落在平原，有的曾是城堡要塞，有的如同花园，有的是海港渔村。它们或在某个历史时刻扮演了重要的角色，或仅仅是旧时日常生活与建造工艺的见证，这些最美小镇无一不在用自己的经历讲述着法国的历史。石灰岩、花岗岩或砂岩砌成的墙壁，板岩、片岩或瓦片铺就的屋顶，还有那些穹顶、墙角塔楼、石阶、天窗和对开窗，有些充满斑斓的色彩，有些显得朴素而又宁静。法国最美小镇就像一本摊开的书，讲述着民间建筑与自然生态的和谐统一。尽管历史背景不同，尽管建筑风格迥异，尽管风土民俗不一，但每一个最美小镇都在演绎着一个真实的自我。这种真实，就体现了每个小镇的独特个性。法国最美小镇协会自成立以来，就围绕着保护和提高村庄遗产的质量、提高其声誉、控制游客数量三个方面坚定地确立了其战略定位。

在西班牙，最美小镇需要让全世界了解西班牙的美丽。这些最美小镇是西班牙地理的一部分，也是西班牙历史和文化的瑰宝。

在日本，最美小镇的一个重要目的就是对具有农业和渔业资源的小镇进行文化与自然景观保护。日本创立最美小镇协会的目的是促进经济的发展，同时使经过多年累积的历史遗产得到传播。通过提升这些小镇的旅游价值，力求推广一种既能额外吸引游客，又能促进房地产发展的经济模式。最美小镇协会的目标不仅是保护好小镇的遗产，而且希望整个社会都能从中受益。

在比利时的瓦隆州，最美小镇主要以小镇上出类拔萃的乡村遗产为基础开展活动，这些遗产包含自然风光、小镇建筑、传统习俗和当地风味等。最美小镇通过对小镇遗产的保护来增加小镇的可见性或曝光率，从而促进经济的发展。其具体包括四个方面：一是通过建立协会和文化动态网络保护村庄的真实性；二是基于对乡村建筑遗产的保护，实施可持续发展政策；三是支持针对居民舒适度的和解政策，同时确保游客满意度，增强对网络关系的认识；四是确保公共当局承认村庄的特殊性。

在意大利，最美小镇的打造使意大利的许多微小、偏僻的古村落和它们的历史、艺术珍宝被推介到大众眼前，使意大利的伟大历史、艺术和文化遗产得到重视与推广。

从以上案例可以发现，尽管各国的发展历程、历史文化、乡村面貌千差万别，但在振兴乡村发展方面却拥有相同的理念，即通过对乡村地区的历史文化的保护利用来推动经济的发展，这对于历史文化遗产主要分布在农村地区的我国来说，具有非常重要的借鉴意义。

第二章

中国小镇发展的现状透视

一、中国小镇发展的政策环境

自改革开放以来，我国非常重视小城镇的发展，1979 年 9 月，党的十一届四中全会通过了《中共中央关于加快农业发展若干问题的决定》，要求有计划地发展小城镇和加强城市对农村的支援，明确提出了发展小城镇的意义和基本思路。1980 年，国务院发文提出要依托小城镇发展经济，此后我国小城镇的数量成倍增长，到 1992 年建制镇猛增到 1.2 万余个，是 1979 年的 4.2 倍多。1998 年，《中共中央关于农业和农村工作若干重大问题的决定》首次提出“小城镇，大战略”，确立了小城镇在我国城市化过程中的重要作用。《国民经济和社会发展第十个五年计划纲要》中提出，要“有重点地发展小城镇”，并明确了发展小城镇是推进我国城镇化的重要途径。同时，小城镇数量的急剧增长也带来一系列问题，如有些地方不顾客观条件盲目发展、缺乏整体规划、布局不合理等。为此，党中央、国务院下发了《关于促进小城镇健康发展的若干意见》，为小城镇健康发展指明了道路。此后小城镇的发展建设不再单纯追求数量，而是从数量的扩张转向质量的提升。

最近几年，我国举国上下开展了特色小镇的建设。特色小镇兴起于浙江，壮大于长三角，特色小镇灵感来自国外，如瑞士的达沃斯温泉小镇、会展小镇、运动小镇，美国的布兰森音乐小镇，法国的格拉斯香水小镇，这些小镇的产业富有特色、文化独具韵味、生态充满魅力。过久了钢筋水泥的城市生活，很多人对鸟语花香的小镇生活十分向往。

2015 年底，习近平总书记在中央财办《浙江特色小镇调研报告》上作出重要批示，强调“抓特色小镇、小城镇建设大有可为，对经济转型升级、新型城镇化建设，都大有重要意义。浙江着眼供给侧培育小镇经济的思路，对做好新常态下的经济工作也有启发”。此后，多个部委相继发文推动特色小镇建设，大江南北掀起了一股建设特色小镇的热潮。

2016 年 7 月，住房和城乡建设部、国家发展改革委、财政部联合发布《关于开展特色小镇培育工作的通知》，提出到 2020 年，培育 1000 个左右各具特色、富有活力的休闲旅游、商贸物流、现代制造、教育科技、传统文化、美丽宜居等特色小镇，引领带动全国小城镇建设，不断提高建设水平和发展质量。我国对特色小镇的培育提出了很高的要求，即要求特色小镇有特色鲜明的产业形态、和谐宜居的美丽环境、彰显特色的传统文化、便捷完善的设施服务、充满活力的体制机制。2016 年 10 月中旬，住房和城乡建设部公布了首批 127 个中国特色小镇。同年 10 月底，国家发展改革委发布了《关于加快美丽特色小（城）镇建设的指导意见》，要求深入推进供给侧结构性改革，以人为本、因地制宜、突出特色、创新机制，夯实城镇产业基础，完善城镇服务功能，优化城镇生态环境，提升城镇发展品质，建设美丽特色新型小（城）镇，有机对接美丽乡村建设，促进城乡发展一体化。同时，在分类施策，探索城镇发展新路径；突出特色，打造产业发展新平台；创业创新，培育经济发展新动能；完善功能，强化基础设施新支撑；提升质量，增加公共服务新供给；绿色引领，建设美丽宜居新城镇；主体多元，打造共建共享新模式；城乡联动，拓展要素配置新通道；创新机制，激发城镇发展新活力等方面提出了具体指导意见。

2017 年 1 月 13 日，国家发展改革委、国家开发银行印发了《关于开发性金融支持特色小（城）镇建设促进脱贫攻坚的意见》，提出要加强规划引导、支持发展特色产业、补齐特色小（城）镇发展短板、积极开展试点示范、加大金融支持力度、强化人才支撑、建立长效合作机制。要求各级发展改革部门和国家开发银行各分行支持贫困地区特色小（城）镇建设，促进脱贫攻坚，加强合作机制创新、工作制度创新和发展模式创新，积极探索、勇于实践，确保特色小（城）镇建设取得新成效，打赢脱贫攻坚战。

2017 年 2 月 8 日，国家发展改革委发布了《国家开发银行关于开发性金融支持特色小（城）镇建设促进脱贫攻坚的意见》，其目的是在贫困地区推进特色小（城）镇建设，为特色产业脱贫搭建平台，为转移就业脱贫拓展空间，为易地扶贫搬迁脱贫提供载体。5 月，国家体育总局印发了《关于推动运动休闲特色小镇建设工作的通知》，提出到 2020 年，在全国扶持建设一批体育特征鲜明、文化气息浓厚、产业集聚融合、生态环境良好、惠及人民健康的运动休闲特色小镇；带动小镇所在区域体育、健康及相关产业发展，打造各具特色的运动休闲产业集聚区，形成与当地经济社会相适应、良性互动的运动休闲产业和全民健身发展格局；推动中西部贫困落后地区在整体上提升公共体育服务供给和经济社会发展水平，增加就业岗位和居民收入，推进脱贫攻坚工作。运动休闲特色小镇要形成以下特色。第一，特色鲜明的运动休闲业态。聚焦运动休闲、体育健康等主题，形成体育竞赛表演、体育健身休闲、体育场馆服务、体育培训与教育、体育传媒与信息服务、体育用品制造等产业形态。第二，深厚浓郁的体育文化氛围。具备成熟的体育赛事组织运营经验，经常开展具有特色的品牌全民健身赛事和活动，以独具特色的运动项目文化或民族、民间、民俗、传统体育文化为引领，形成运动休闲特色名片。第三，与旅游等相关产业融合发展。实现体育旅游、体育传媒、体育会展、体育广告、体育影视等相关业态共享发展，运动休闲与旅游、文化、养老、教育、健康、农业、林业、水利、通用航空、交通运输等业态融合发展，打造旅游目的地。第四，脱贫成效明显。通过当地体育特色产业的发展吸纳就业，创造增收门路，促进当地特色农产品销售，在体育脱贫攻坚中树立示范。第五，禀赋资源的合理有效利用。自然资源丰富的小镇依托自然地理优势发展冰雪、山地户外、水上、汽车摩托车、航空等运动项目；民族文化资源丰富的小镇依托人文资源发展民族民俗体育文化；大城市周边重点镇加强与城市发展的统筹规划和体育健身功能配套；远离中心城市的小镇完善基础设施和公共体育服务，服务农村。

2017 年 6 月 9 日，农业部印发了《关于组织开展农业特色互联网小镇建设试点工作的通知》，要求力争在 2020 年试点结束以前，原则上以县（市、区）或垦区为单位，在全国建设、运营 100 个农业特色优势明显、产业基础好、发展潜力大、带动能力强的农业特色互联网小镇。在小镇内，培育一批经济效益好、辐射带动强的新型农业经营主体，打造一批优势特色明显的农业区域公用品牌、企业品牌和产品品牌，将小镇培育成农业农村经济的重要支柱。

为进一步规范农业特色互联网小镇建设，理清建设的总体思路、融资模式、重点任务和机制、路径，2017 年 10 月 10 日，农业部办公厅印发了《关于开展农业特色互联网小镇建设试点的指导意见》，要求牢固树立和贯彻落实创新、协调、绿色、开放、共享的新发展理念，以农村资源禀赋和特色产业为基础，以“互联网+”为手段，充分发挥市场主体作用，创新制度机制，高起点、高标准、高水平培育一批特点鲜明、产业发展、绿色生态、美丽宜居的农业特色互联网小镇。力争到 2020 年，在全国范围内试点建设、认定一批产业支撑好、体制机制灵活、人文气息浓厚、生态环境优美、信息化程度高、多种功能叠加、具有持续运营能力的农业特色互联网小镇。

随着特色小镇在全国范围的大规模发展，各种问题也暴露出来，面对特色小镇建设中越来越多的问题，2016 年 10 月 13 日，中央财经领导小组办公室、国家发展改革委、住房和城乡建设部联合召开特色小（城）镇经验交流会，中央财经领导小组办公室舒国增副主任、住房和城乡建设部陈政高部长、国家发展改革委胡祖才副主任出席会议并讲话。与会代表认真学习了习近平总书记、李克强总理和张高丽副总理重要批示精神，实地调研考察了杭州市梦想小镇建设情况。浙江省发展改革委重点介绍了近年来浙江创建特色小镇的主要做法和取得的成效。重庆、北京、吉林、河南、山东、四川等 6 个省市以及江苏省宜兴市丁蜀镇、陕西省眉县汤峪镇也就本地推进特色小镇和小城镇建设的做法进行了交流。会议强调，各地区在培育发展特色小镇和小城镇过程中，必须坚持因地制宜，提倡形态多样性，鼓励各地发展符合实际、特色鲜明、宜居宜业的新型小（城）镇，防止一哄而上；坚持产业建镇，加快发展特色优势产业，促进城镇经济转型升级，防止千镇一面；坚持以人为本，补齐城镇基础设施和公共服务设施短板，增强城镇承载功能，防止形象工程；坚持市场主导，更加尊重市场规律，提高政府管理和服务的能力水平，防止政府大包大揽。

尽管中央一再强调特色小镇发展中需要注意的问题，但在实际发展中这些问题依然存在并且很多问题越来越严重。2017 年 12 月，国家发展改革委、国土资源部、环境保护部、住房和城乡建设部等四部委印发《关于规范推进特色小镇和特色小城镇建设的若干意见》，指出不能把特色小镇当成筐，什么都往里装，不能盲目给产业园区、旅游景区、体育基地、美丽乡村、田园综合体以及行政建制镇戴上特色小镇“帽子”。各地区应循序渐进发展“市郊镇”“市中镇”“园中镇”“镇中镇”等不同类型特色小镇。各地区要注重引入央企、国企和大中型民企等作为特色小镇主要投资运营商，尽可能避免政府举债建设进而加重债务包袱。各地区要综合考虑特色小镇和小城镇吸纳就业与常住人口规模，从严控制房地产开发。

《关于加快美丽特色小（城）镇建设的指导意见》《关于规范推进特色小镇和特色小城镇建设的若干意见》，对于引导特色小镇和特色小城镇的发展取得了一定成效，使概念不清、盲目发展及房地产化苗头得到一定纠正。为进一步对标对表党的十九大精神，巩固纠偏成果，有力有序有效推动高质量发展，2018 年 8 月，国家发展改革委印发了《关于建立特色小镇和特色小城镇高质量发展机制的通知》，要求以引导特色产业发展为核心，以严格遵循发展规律、严控房地产化倾向、严防政府债务风险为底线，以建立规范纠偏机制、典型引路机制、服务支撑机制为重点，加快建立特色小镇和特色小城镇高质量发展机制，释放城乡融合发展和内需增长新空间，促进经济高质量发展。

为加强对特色小镇发展的顶层设计、激励约束和规范管理，2020年9月16日，国务院办公厅转发国家发展改革委《关于促进特色小镇规范健康发展的意见》，从总体要求、主要任务、规范管理、组织实施等方面对特色小镇的规范健康发展提出了指导意见。为深入贯彻落实习近平总书记重要批示指示精神，按照《国务院办公厅转发国家发展改革委关于促进特色小镇规范健康发展意见的通知》要求，2021年9月27日，国家发展改革委、自然资源部、生态环境部、科技部、工业和信息化部、商务部、文化和旅游部、农业农村部、体育总局、市场监管总局10个部门联合发布《全国特色小镇规范健康发展导则》，围绕特色小镇发展定位（概念内涵、功能作用、产业主导）、空间布局（区位条件、建设边界、空间功能、风貌形态）、质量效益（投入强度、质效水平、创新活力、绿色低碳）、管理方式（方案编制、清单管理、动态调整、建设方式、投融资模式）和底线约束（合规用地底线、生态环保底线、债务防控底线、安全生产底线、监测监督管理）等方面，提出了普适性、操作性的基本指引；并就主要类型特色小镇的建设规范性提出了要求。

二、中国特色小镇内涵与特征

从我国小（城）镇的发展历史、蓬勃发展的特色小镇的态势、中央各部委关于特色小镇发展的要求来看，我国特色小镇的发展还处于探索阶段，需要从以下三个方面来理解特色小镇的内涵。

1. 特色小镇的核心思想

虽然特色小镇的概念最近几年非常流行，但是其核心思想早在20世纪80年代初就已经产生，发展于90年代末的专业镇和专业村。专业镇或专业村多以乡镇、村为基本单位，重点发展名、优、特、新产业和产品。例如，佛山市各镇就获得中国建陶第一镇（南庄镇）、中国铝材第一镇（大沥镇）、中国面料名镇（西樵镇）、中国牛仔服装名镇（均安镇）、中国内衣名镇（盐步镇）、中国陶瓷名镇（石湾镇）、中国日用五金之都（金沙镇、丹灶镇）、中国不锈钢名镇（澜石街道）、中国纺织名镇（张槎街道）等中国产业特色镇称号。

无论是专业镇还是专业村，其核心思想都是强调产业特色，因此现在的特色小镇与专业镇或专业村是一脉相承的。专业镇或专业村是一个行政单元，特色小镇并不一定是行政单元。

特色小镇虽然从浙江兴起，但“特色小镇”这一名称并不是浙江省首创的。在浙江省之前，全国很多地方已经提出了打造特色小镇的思路。例如，2010 年 7 月，黑龙江省哈尔滨市提出全面提升园区型、商贸型、旅游型、历史文化型、工矿型和林地共建型 6 类 21 个特色小镇。2011 年，天津市提出在“十二五”期间围绕中心城区建设 50 个特色小镇。2011 年，北京市设立 100 亿元发展基金，建设旅游休闲特色镇。同时，云南、安徽、江西等多个省也提出要打造特色小镇。

2. 特色小镇内涵

浙江省提出的特色小镇，不是传统意义上的行政建制镇、产业园区（工业区、开发区、高新区），也不是传统意义上的旅游风景区，而是指相对独立于市区（一般位于城乡接合部，具有交通、信息、物流相对便利的条件），以生态、生产、生活“三生融合”，工业化、信息化、城镇化“三化驱动”，产业、文化、旅游“三位一体”为建设理念的新型的空间组织形式。与传统的行政建制镇相比，它突出的是产业特色；与传统的产业园区相比，它还拥有文化、旅游和社区功能；与传统的风景区相比，它又多了产业、社区色彩。所以，它是非镇非区、亦镇亦区，是多重功能的有机融合，是创新发展的崭新平台，具有独特的风格和特点。

《关于开展特色小镇培育工作的通知》提出，特色小镇原则上为建制镇（县城关镇除外），优先选择全国重点镇。国家发展改革委《关于加快美丽特色小（城）镇建设的指导意见》也对特色小镇进行了界定，提出特色小（城）镇包括特色小镇、小城镇两种形态。特色小镇主要指聚焦特色产业和新兴产业，集聚发展要素，不同于行政建制镇和产业园区的创新创业平台。特色小城镇是指以传统行政区划为单元，特色产业鲜明、具有一定人口和经济规模的建制镇。特色小镇和小城镇相得益彰、互为支撑。

《关于规范推进特色小镇和特色小城镇建设的若干意见》进一步明确提出，特色小镇是在几平方千米土地上集聚特色产业，生产、生活、生态空间相融合，不同于行政建制镇和产业园区的创新创业平台；特色小城镇是拥有几十平方千米以上土地和一定人口经济规模、特色产业鲜明的行政建制镇。

《关于建立特色小镇和特色小城镇高质量发展机制的通知》中，对于典型特色小镇和特色小城镇的基本条件予以了明确规定。特色小镇的基本条件是：立足一定资源禀赋或产业基础，区别于行政建制镇和产业园区，利用3平方千米左右国土空间（其中建设用地1平方千米左右），在差异定位和领域细分中构建小镇大产业，集聚高端要素和特色产业，兼具特色文化、特色生态和特色建筑等鲜明魅力，打造高效创业圈、宜居生活圈、繁荣商业圈、美丽生态圈，形成产业特而强、功能聚而合、形态小而美、机制新而活的创新创业平台。典型特色小城镇的基本条件是：立足工业化城镇化发展阶段和发展潜力，打造特色鲜明的产业形态、便捷完善的设施服务、和谐宜居的美丽环境、底蕴深厚的传统文化、精简高效的体制机制，实现特色支柱产业在镇域经济中占主体地位、在国内国际市场中占一定份额，拥有一批知名品牌和企业，镇区常住人口达到一定规模，带动乡村振兴能力较强，形成具有核心竞争力的行政建制镇排头兵和经济发达镇升级版。

《关于推动运动休闲特色小镇建设工作的通知》提出，运动休闲特色小镇是在全面建成小康社会进程中，助力新型城镇化和健康中国建设，促进脱贫攻坚工作，以运动休闲为主题打造的具有独特体育文化内涵、良好体育产业基础，集运动休闲、文化、健康、旅游、养老、教育培训等多种功能于一体的空间区域、全民健身发展平台和体育产业基地。

农业农村部也提出了农业特色互联网小镇的概念，认为农业特色互联网小镇是指小镇相对独立于市区，具有明确的农业产业定位、农业文化内涵，有别于行政区划单元和产业园区。

由此可见，特色小镇的内涵和外延并没有完全一致的表述，各个部委推出的特色小镇各有侧重，均是根据本部委自身的管理权限和职能提出相应的特色小镇建设指导意见。但在总体要求上，各特色小镇都强调立足产业“特而强”、功能“聚而合”、形态“小而美”、机制“新而活”。

3. 特色小镇的发展历程

从我国小城镇发展历程来看，首先政府积极引导，通过政策进行支持，小城镇得到迅速发展，数量急剧增加，随后扩展式的发展出现各种问题；其次政府部门开始进行规范化管理。

从近几年特色小镇的发展历程来看，其和我国改革开放以来小城镇的发展历程非常相似，走的都是“政府倡导积极发展—数量急剧增加—出现各种问题—政府进行规范管理”的道路。由此可见，在我国政治经济环境下，特色小镇的健康发展需要政府的推动和引导。

第三章

小镇建设的价值重构：打造中国最美小镇

一、打造中国最美小镇的重大意义

随着“乡村振兴”“美丽中国”等国家战略的实施及人民群众对美好生活的向往，我国必须对小镇建设的价值进行重构，走出一条符合我国新时代发展需求的小镇建设之路，为乡村振兴提供全新的模式。

1. 美好生活的新家园

党的十九大报告指出，“中国共产党人的初心和使命，就是为中国人民谋幸福、为民族谋复兴、为世界谋大同”“经过长期努力，中国特色社会主义进入了新时代”“我国社会的主要矛盾已经转化为人民日益增长的美好生活需要和不平衡不充分的发展之间的矛盾”。当前，“更加突出的问题是发展不平衡不充分，这已经成为满足人民日益增长的美好生活需要的重要制约因素”。报告多次谈到“永远把人民对美好生活的向往作为奋斗目标”，并指出“中国特色社会主义道路是实现社会主义现代化、创造人民美好生活的必由之路”。在党的十九大报告中，“人民美好生活”是一个高频词，先后在全文中出现过 14 次，足见其重要性、现实性与紧迫性。党的十九届五中全会审议通过的《中共中央关于制定国民经济和社会发展第十四个五年规划和二〇三五年远景目标的建议》将“人民生活更加美好，人的全面发展、全体人民共同富裕取得更为明显的实质性进展”作为到 2035 年基本实现社会主义现代化远景目标之一。

2017 年 10 月 18 日，习近平总书记指出，加快生态文明体制改革，建设美丽中国。美丽村镇是美丽中国建设的重要组成部分，最美小镇是美丽村镇中的典型和代表。我们可以通过最美小镇建设，使中国的小镇成为人们向往的居住场所，成为人们美好生活的新家园，成为健康生活的目的地。这正是最美小镇区别于其他小镇的核心所在，也是最美小镇建设的重大现实意义。

2. 乡村振兴的新途径

随着国家城镇化进程的加速，中国自然村镇的数量在不断减少。据统计，我国自然村镇数量从 2000 年的 363 万个锐减至 2018 年的 260 万个，同时乡村人口流失，乡村风貌不断退化，“暧暧远人村，依依墟里烟。狗吠深巷中，鸡鸣桑树颠”的归园田居已然变成只剩老弱人群的“空巢村”，大量的古村落正在加速“消失”。部分被保留下来的村镇，也几乎被“城市化”改造成千村一面的景象。

正是在此背景下，国家开始实施乡村振兴战略，并从 2017 年到 2022 年印发了一系列政策文件。2017 年 10 月 18 日，党的十九大报告提出实施乡村振兴战略。党的十九大报告指出，农业农村农民问题是关系国计民生的根本性问题，必须始终把解决好“三农”问题作为全党工作的重中之重。2017 年 12 月 28 日至 29 日，中央农村工作会议在北京召开，会议首次提出中国特色社会主义乡村振兴道路，并划定了实施乡村振兴战略“三步走”时间表：到 2020 年，乡村振兴取得重要进展，制度框架和政策体系基本形成；2035 年，乡村振兴取得决定性进展，农业农村现代化基本实现；而到 2050 年时，乡村全面振兴，农业强、农村美、农民富全面实现。2018 年 1 月印发的中央一号文件《中共中央　国务院关于实施乡村振兴战略的意见》对新发展阶段优先发展农业农村、全面推进乡村振兴作出总体部署，为做好当前和今后一个时期“三农”工作指明了方向。2018 年 3 月 5 日，国务院总理李克强在《政府工作报告》中提到，要大力实施乡村振兴战略。2018 年 9 月，中共中央、国务院印发了《乡村振兴战略规划（2018—2022 年）》；2021 年 2 月 21 日，中共中央、国务院印发一号文件《关于全面推进乡村振兴　加快农业农村现代化的意见》；2022 年 1 月，中共中央、国务院出台一号文件《关于做好2022年全面推进乡村振兴重点工作的意见》。由此可见，国家对于我国乡村的发展前所未有地重视。

欧洲最美小镇建设的核心要义就是通过对历史文化遗产的保护，提升文化遗产价值，从而达到促进该乡村地区经济发展的目的，同时注重乡村地区环境保护和基础设施建设，这为我国乡村振兴提供了借鉴。目前，从我国乡村的现状来看，要实现乡村振兴“三步走”的战略部署，面临不小的困难，最美小镇建设为此提供了新的选择，是实现乡村振兴的全新模式。同时，在文旅融合的大背景下，开发新的文化旅游资源，将具有民族特征和民俗文化特色的最美小镇，发展为深度体验型的人文旅游景观，将有力推动中华民族文化遗产的传承，同时也将为中国旅游市场增添新的动力。

3. 休闲旅游的新载体

随着我国经济的发展和旅游黄金周的实施以及人民群众对美好生活的向往，休闲度假旅游在整个旅游业中所占比重越来越高。2013年2月2日，国务院办公厅印发了《国民旅游休闲纲要（2013—2020年）》，“十四五”期间，国家将出台实施《国民休闲纲要（2021—2035年）》。因此，从需求侧来看，我国急需建设一批环境优美、休闲度假产品丰富、公共服务设施完善，能适合不同阶层的休闲度假地。然而，从供给侧来看，我国现有的度假地无法担负这种功能，使休闲度假场所成为制约休闲旅游发展的重要因素。我国的大城市基础设施和服务设施比较完善，但空气质量、交通拥堵和高房价等都不利于休闲旅游，而小城镇在配套设施、整体环境、休闲产品方面欠佳。有些度假区人多嘈杂，而有些度假区显得冷冷清清，一些古村古镇成为旅游商品的售卖场。一些国家级度假区或高端度假区，高额的消费不适合普通民众度假，与目前大众化旅游阶段的度假需求不相适应。一些环境好点的民宿，或者动辄每晚几千元的住宿费，或者缺乏丰富的休闲产品和民俗文化内涵。因此，在中国，急需打造一批静谧、安逸、有古老的巷陌、山花烂漫、风情万种、环境优美的最美小镇。

4. 小镇建设的新模式

我国在城市化发展过程中，对于小城镇如何发展一直没有统一的认识。有的学者主张积极发展大城市，认为大城市集聚能力强，带动作用大，而小城镇经济效益低，集聚能力弱；有的学者主张大、中、小城市协调发展；有的学者主张积极发展小城镇，带动农村地区发展。由于长期以来我国对于乡村地区的发展不够重视，我国的小镇总体上经济水平低，环境卫生差，基础设施和公共服务设施等比较薄弱。近年来，随着国家乡村振兴战略的实施，小镇建设得到前所未有的重视，各种模式的小镇大量涌现，但也出现各种问题。最美小镇作为一种新型小镇发展模式，为我国的小镇建设提供了新的选择。

5. 旅游消费的新动能

乡村旅游的消费水平是决定乡村旅游发展能否促进乡村振兴的至关重要的因素。增加旅游投资、挖掘旅游资源、改善旅游交通、完善旅游公共服务设施等的最终目的就是增加旅游收入。如果游客没有消费就不会有收入。如果游客开着车来乡村遛一圈然后开车离开，乡村旅游就很难发挥振兴乡村的作用。然而，目前我国乡村旅游的消费水平普遍很低，即便是大城市周边的乡村旅游消费也是如此。例如，从这些年北京市周边乡村旅游消费来看，其消费水平非常低。从延庆区提供的数据来看，2010 年用旅游收入除以旅游人次，只有 50 多元，说明从游客的旅游消费中人均只能得到 50 多元的收入。到 2017 年，这一数据也没有增加多少，只有 62 元，说明游客对当地产生收益的消费是很低的。怀柔区也是如此，2010 年旅游收入与旅游人次的比值是 64 元，2017 年是 85 元。如果考虑到这些年来物价上涨等因素，则实际上收益是在降低的。

为什么消费这么低，问题出在哪里？通过对北京郊区的调查发现，住宿是关键。例如，怀柔区的旅游收入主要来自餐饮，占总收入的 62%，而住宿只占 23%。因此，要解决乡村旅游中的消费问题，最主要的是解决住宿问题，要让游客愿意住下来，只要能住下来，就会有餐饮及其他消费。而住宿问题产生的主要原因在于供给与需求出现矛盾。游客对民宿的需求首先是环境卫生，其次是服务质量，最后才是房间大小。但现实情况是住宿的房间足够大，服务质量一般，卫生条件较差，供给与需求完全反过来了。例如，昌平区和延庆区等地一般的农家院都是每晚 100~200 元，虽然价格便宜，但是卫生条件都比较差，一些游客认为即便免费也不想在此住宿。因此，解决住宿问题最主要的是提升住宿品质，特别是环境卫生，要为游客提供卫生舒适的住宿环境。目前，中国民众对于休闲度假旅游特别是休闲农业和乡村旅游的需求在爆发式增长。全国休闲农业和乡村旅游接待人次从 2012 年的 8 亿人次增至 2018 年的 30 亿人次，年均增长 30%；营业收入从 2012 年的 2400 亿元增长到 2018 年的 8000 亿元，年均增长 27%。30~40 岁人群是乡村旅游的主力军，以家庭为单位出游占比超过一半，亲近自然、放松身心是乡村旅游游客的共鸣。

乡村旅游的形式正在经历从田园观光和吃农家饭的“农家乐”型到民宿和体验的“乡村度假”型，再到居住和生活的“乡村旅居”型的升级过程，要打造“乡村旅居”型的乡村旅游目的地，以健康生活目的地为目标的最美小镇无疑是最佳选择。打造环境优美、具有文化内涵、旅游设施完善并具有康养功能的最美小镇，将最美小镇树立为“乡村旅居”的新标杆，必然吸引大量各个阶层的群体来旅居，只有这样，才能真正提升乡村旅游的消费水平，达到乡村振兴的目的。

二、中国最美小镇的发展

2014 年习近平主席访问法国期间，两国元首一致决定，要加强战略互信，深化利益融合，扩大人文交流，共同开创紧密持久的中法全面战略伙伴关系新时代。习近平主席与奥朗德总统提出将中国梦和法国梦交织起来，携手构筑中法梦。在两国建交 50 周年之际，中法高级别人文交流机制应运而生。同年 9 月 18 日，中法高级别人文交流机制启动仪式暨首次会议在巴黎举行。这是两国政府在人文交流领域共同搭建的最高级别对话机制，其与中法财金对话机制、战略对话机制共同构成双边关系三大支柱，从此每年举行一次。2015 年 5 月 15 日，时任国务院副总理刘延东在钓鱼台国宾馆与法国外长法比尤斯共同主持了中法高级别人文交流机制第二次会议。自中法人文交流机制第一次会议以来，双方在教育、科技、文化、卫生、体育、新闻媒体、旅游等领域合作取得了丰硕成果。

在中法高级别人文交流机制建立的背景下，2015 年 8 月，中国文化管理协会遗产保护委员会副理事长王永和先生与中国欧盟协会相关负责人会面，提出了希望与法国最美小镇协会建立合作关系的意愿。王永和先生始终心系中国古镇、古村落的保护和可持续发展，多年来致力于推动世界最美小镇民间组织在中国落地，将全球最美小镇的保护发展理念和成功经验引进中国。11 月，在对外友协的全力支持下，经过与法方沟通，法国经济文化国际合作发展协会主任阿兰·儒弗莱先生和法国建筑手工业协会会长丹尼埃尔·西诺先生应邀来中国与王永和先生进行首次会谈。按照此次会面双方达成的共识，阿兰·儒弗莱和丹尼埃尔·西诺回法国后安排与法国最美小镇协会商讨合作事宜，并于 2016 年 2 月开始起草合作协议，经过三个月的反复修改，双方同意在杭州草签协议。

2016 年 5 月 24 日至 29 日，法国代表团一行 5 人赴浙江金华进行考察，此次代表团成员有法国地方文物保护终身高级馆员、蓬巴杜市原市长科莱特·高乐菲女士，法国最美小镇协会副主席、法国卡尔日莱-达姆皮埃市市长、法国乡村市长协会会长贝尔贝让先生，法国经济文化国际合作发展协会主任阿兰·儒弗莱先生，法国最美小镇协会总代表巴斯卡尔·贝尔纳先生，法国建筑手工业协会会长丹尼埃尔·西诺先生。代表团访华期间考察了延福寺、俞源村、大红岩景区、郭洞村、璟园和诸葛村，并于 29 日在杭州千岛湖举办了此次考察的交流座谈会，会后草签了《中法最美小镇保护与发展合作框架协议》和《中法建筑遗产保护与发展合作框架协议》。双方草签协议后，经过对外友协报批，再经过 2016 年中法高级别人文交流机制第三次会议筹备委员会的筛选和审议，在 6 月的中法高级别人文交流机制第三次会议上正式签署合作协议。

2016 年 6 月 30 日，时任国务院副总理刘延东与法国外长艾罗在巴黎共同主持中法高级别人文交流机制第三次会议。这次会议上，中国人民对外友好协会、中国文化管理协会与法国对外经济交流协会、法国最美小镇协会共同签署了《中法最美小镇保护与发展合作框架协议》和《中法建筑遗产保护与发展合作框架协议》。其合作主旨是协助中方成立中国最美小镇协会，并在此基础上，在遗产保护修复、良性开发历史文化古村落等领域开展务实合作，举办文化遗产研究、保护与利用，以及旅游推广等活动。值得一提的是，在这次会上的 40 个项目中，只有 8 个在中法两国领导人的共同见证下，于巴黎正式签约，最美小镇项目是其中之一，而且是唯一民间外交文化交流项目。

从 2016 年起，中国代表团已连续四年受邀参加世界最美小镇峰会，受到了世界最美小镇联合会以及各国最美小镇协会的热情接待。中国最美小镇协会是世界最美小镇联合会最为重视的协会，因而中国最美小镇协会在尚未成立之时，即破例成为世界最美小镇联合会观察员。

2019 年世界最美小镇峰会在比利时举办，由于签证原因，此次峰会中国代表团未能成行，但中国最美小镇分会筹备方委托法国经济文化国际合作发展协会主任阿兰・儒弗莱等作为中方代表参加了峰会。此次峰会上，中方代表宣读了中方准备的演讲稿，宣布了中国最美小镇协会已获批成立，目前正在办理后续的相关手续。在峰会期间，法国协会多次表示希望进一步加深与中国的官方合作关系；俄罗斯最美小镇协会表示强烈希望和中方开展具体的双边合作。

2019 年 12 月 27 日，中国旅游协会最美小镇分会成立大会在北京希尔顿逸林酒店会议中心召开，自此，中国的最美小镇民间团体组织正式成立。成立最美小镇分会的目的是保护和利用乡村历史文化遗产，提升人居环境质量，打造一批具有历史记忆、地域特点、民族风情、优美环境的中国最美小镇，推动中国最美小镇的服务和品牌走向世界，为促进中国旅游业的高质量发展和旅游行业的国际交流与合作做出积极贡献。中国最美小镇分会的成立，将为中国最美小镇的评审和推广制定国家规则，形成对国内的小镇建设及旅游市场的规范和提升，对推动全域旅游发展的新模式也具有重要的现实意义。

最美小镇分会的成立将致力于历史文化遗产的保护和利用，始终将遗产保护和利用放在第一位，充分利用各种资源优势，打造并推广全国最美小镇会员网络，指导与帮助会员不断完善配套服务体系，提升小镇品质；充分利用国际媒介、特色主题活动等方式，提升最美小镇知名度与市场价值；充分利用金融资源，创新最美小镇的融资方式，发挥资金最大效益，以保障自然与文化遗产得到充分保护和永续发展。在未来，最美小镇分会将尽快加入世界最美小镇联合会，加强全球交流与合作。

中国最美小镇分会加入世界最美小镇联合会，对于国内的小镇建设将产生以下三个方面的作用。

第一，为最美小镇的打造提供支持。

中国旅游协会最美小镇分会可提供有关小镇建设、运营和服务质量等方面的咨询服务。中国旅游协会最美小镇分会会集了各行业、各领域专家，与法国工匠协会及国内顶级设计、经营、管理团队合作，可为最美小镇会员提供文物保护及修复技术、规划设计、运营管理、宣传策划等方面的专业服务，并制定行业标准，帮助最美小镇全方位创新发展，增强小镇国际竞争力。中国旅游协会最美小镇分会积极倡导文物、遗产保护的发展理念，与清华大学等科研院校合作，运用现代通信、云计算、物联网/互联网等技术，为最美小镇科学管理提供支持，实现遗产保护利用数据化、营销宣传精准化、经营管理智能化。

另外，中国旅游协会最美小镇分会可以通过推荐基金，与大型金融机构、投资银行合作，以及引进战略投资者等形式，为最美小镇建设、历史文化遗产保护修复等搭建融资服务平台，解决最美小镇建设发展的资金问题，帮助最美小镇在高端化、国际化发展方向上步入快车道。总之，中国旅游协会要将那些资源丰富的小镇塑造成真正的最美小镇，使其成为地区的光荣代表。

第二，提升最美小镇的品质。

世界最美小镇联合会是国际著名文化旅游品牌。中国旅游协会最美小镇分会将通过品牌授权认证、年度盛典、行业峰会、白皮书等传统形式，以及利用现代国际传媒技术，帮助最美小镇快速提升品牌美誉度和国际影响力。

加入中国最美小镇分会和世界最美小镇联合会能够使小镇获得一次扬名的机会，世界最美小镇的会员资格可以在全球政府层面和媒体上广为宣传。中国最美小镇分会能通过广泛传播的方式向全世界宣传中国最美小镇的魅力与特征，这也是“中国最美小镇”“世界最美小镇”品牌的市场营销策略的重要内容，并不是所有小镇都具有同样的机会。另外，在小镇的各主要入口放置具有“世界最美小镇”标识的标牌，使入会小镇具备网络宣传和竞争力上的优势。

第三，搭建国际交流平台。

中国旅游协会最美小镇分会将为会员单位搭建国际交流平台，用国际舞台展现东方魅力。首先，通过推介、交流、互访等形式，为中国最美小镇走向世界舞台、展现东方美韵提供国际支持。其次，选择东西方优秀的古村、古镇、古城，结为“友好小镇”，通过嘉年华、文化年、艺术节等形式，推介独特的演艺、民俗、美食等文化产品，传递东西方优质风情文化，共同提高最美小镇吸引力。最后，能使中国的小镇学习借鉴国外著名小镇的成功管理经验，以及在文物保护、修复等方面的先进技术。能使小镇享受来自世界最美小镇成员的引导与服务，这些引导与服务能帮助提升小镇品质和声誉，世界各国最美小镇联合在一起能够使它们的交流能力增加 10 倍，同时促进了国内与国际的交流，并有助于地区经济的发展。

以“中国最美小镇协会”身份积极参加世界最美小镇联合会的国际交流活动，将使中国最美小镇实现与国际接轨，增加中国在这些国际人文交流组织中的话语权，展现自身的卓越领导力，并成为这个国际人文交流组织的主要的长期领导者。

三、中国最美小镇的内涵与基本特征

1. 中国最美小镇的内涵

“最美小镇”虽然是从国外引入的概念，但在我国有历史渊源。悠久的历史，孕育了中国众多的古城、古镇、古村落，留下了丰富的物质和非物质文化遗产。

中国最美小镇不同于特色小镇和旅游小镇。最美小镇注重遗产的保护及其价值提升，以此促进乡村地区经济社会的发展，注重的是优美的人居环境，是健康生活目的地的首选。特色小镇主要注重产业特色，这里的产业不一定是旅游产业，也可能是金融、科技、制造等产业。从目前全国各地评出的特色小镇来看，其包括现代农业、生产制造、商业服务、健康休闲等各类产业。各地评选出的特色小镇的产业类型也不相同。例如，吉林和海南评选的多为现代农业类特色小镇；浙江和山东多为生产制造类特色小镇；云南和海南多为健康休闲类特色小镇。因此，特色小镇不一定是最美小镇。旅游小镇更强调小镇的旅游功能，因此，旅游小镇也不一定是最美小镇。

相对于欧洲国家的最美小镇，中国在最美小镇建设方面主要具有两大优势：第一，中国上下五千年的文化铸就了无数文化底蕴深厚的历史古村镇，这些古村、古镇具有典型的历史遗产特征和丰富的民族文化多样性；第二，中国政府高度重视历史文化的挖掘、保护和传承，出台了一系列文件，为打造中国的世界最美小镇提供了政策保障。

因此，从世界范围来看，中国是非常适合打造最美小镇的国家之一。目前，我国最主要的任务是挖掘优秀的传统文化并活化利用，补齐部分小镇在人居环境质量方面的短板，未来必将有一大批世界最美小镇屹立于东方。

2. 中国最美小镇的基本特征

第一，多样化的遗产。

拥有政府认可的遗产是中国最美小镇的基本特征，也是最美小镇产生的根源。小镇的经济社会发展是通过提升历史文化遗产的价值而实现的。对于遗产的数量、等级和种类，世界最美小镇联合会各成员国都没有完全一致的规定。在数量方面基本都是要求有两处政府认可的遗产；在等级方面没有特别的规定，只要是官方认可、被列为受保护的对象即可；在种类方面可以是文化遗产，也可以是自然遗产，包括著名景点、文物古迹、建筑遗产等。

随着经济社会的发展，我国小镇的建设得到快速发展，特别是近几年，在国家政策的支持下，出现了各种各样的特色小镇，其中很多新建的特色小镇虽然没有政府认可的文化遗产，但是有一定的历史文化内涵，小镇的整体风貌也非常美丽。因此，很多专家认为这类小镇也应该纳入我国最美小镇的范畴，这一点符合我国的国情。

第二，优美的人居环境。

党的十九大提出乡村振兴战略，改善农村人居环境，建设美丽宜居乡村，是实施乡村振兴战略的一项重要任务。小镇是乡村地区的集散中心，是美丽宜居乡村建设的集中体现。相对于其他各类小镇而言，最美小镇的人居环境质量需要更加突出，否则无法匹配“最美”二字。

最美小镇的人居环境不仅包括小镇的环境卫生水平，还包括整体风貌、建筑的协调性以及小镇周边的环境质量。法国在评定其最美小镇时，在人居环境方面要求非常细致，将植被、花卉和景观处理、电线网络的掩埋、公共照明的美化处理等都纳入评价标准中。

第三，高质量的旅游发展。

最美小镇要实现通过历史文化遗产的价值提升促进经济发展的目

的，必须发展旅游业。可以根据小镇的旅游资源情况发展多种业态，例如，利用历史文化遗产发展文化体验游、研学旅游，利用小镇优美的人居环境打造休闲度假旅游目的地，引入医疗健康产业打造健康生活目的地。高品质旅游的发展，能带动经济社会的发展，助力乡村振兴的实施。

第四，国际化的视野。

国际化是最美小镇区别于其他小镇的重要特征。最美小镇源于法国，目前已经成为世界著名的文旅品牌，被称为旅游界的“米其林”。中国最美小镇在建设过程中将突出国际化的视野。一方面，在评价标准方面，与其他国家一样，参照法国的评价标准对最美小镇进行评定。当然这种评定标准也必然要具有中国特色，符合我国的国情。另一方面，中国旅游协会最美小镇分会加入世界最美小镇联合会后，将与世界其他国家的最美小镇建立广泛联系，开展多方面的合作交流；同时，也会成为中华优秀传统文化向世界传播的桥梁。

第四章

中国最美小镇的发展方向：打造健康生活目的地

一、健康生活是中国发展的刚需

2011 年，世界银行发布的《中国慢性病报告》中预测，在今后 20 年，40 岁以上人群中，四类主要慢性病患者人数会增长两倍甚至三倍，预计到 2030 年达到 1. 8 亿人。但是 2019 年，这个人数就已经达到了 3 亿，增速远远超过了世界银行的预测。健康问题已经成为中国面临的严重问题。

2019 年发生的新型冠状病毒肺炎疫情，使民众对于健康的关注空前高涨，健康的身体、健康的卫生环境得到高度重视。大健康已经成为民众刚需，将迎来爆发式增长。

（1）我国拥有庞大的消费市场。第七次全国人口普查显示，我国总人口在 2021 年突破了 14 亿大关，庞大的人群意味着巨大的潜在消费市场。同时，中国经济总量排世界第二，2019 年人均国内生产总值（GDP）已经突破了 1 万美元，经济的发展一方面使民众更加关注自身健康，另一方面民众健康消费能力也在不断增强，中国将成为全球健康产业的最大市场。

（2）我国即将进入“中度老龄化”社会。根据国家统计局发布的数据，2019 年末，中国 65 岁及以上老年人口达到 1. 76 亿人，占总人口的 12. 6%。民政部的数据显示，到“十四五”末，60 岁及以上老年人口规模将达到 3 亿人。中国发展研究基金会发布的《中国发展报告 2020：中国人口老龄化的发展趋势和政策》显示，中国老龄化程度正持续加深，老龄化趋势不可逆转。该报告预测，到 2025 年，中国 65 岁及以上的老年人口将超过 2 亿人；到 2050 年，中国老年人口将接近 4. 8

亿人，老龄化水平为15.5%。

（3）慢性病已成为制约民众健康的主要因素。2020年12月23日发布的《中国居民营养与慢性病状况报告（2020年）》显示，2019年我国因慢性病导致的死亡人数占总死亡人数的88.5%，其中心脑血管病、癌症、慢性呼吸系统疾病死亡比例为80.7%，慢性病导致的疾病负担占总疾病负担的70%以上，是普遍影响民众健康的最主要疾病。同时，慢性病年轻化趋势也在不断加强，例如，已确诊高血压患者的平均年龄，从2013年的37.5岁降到了2017年的36.7岁。

（4）我国居民健康素养水平已超过20%。《中国居民健康素养监测报告（2020年）》显示，2020年我国居民健康素养水平达到23.15%，比2019年提升3.98个百分点，增长幅度为历年新高。健康素养评定有三个维度，分别是知识和理念、生活方式和行为、基本技能，其中知识和理念素养水平最高，达到了34%，增长也最快，说明人民群众对健康的重视程度在大幅提高。

二、中国政府对健康生活高度重视

习近平总书记高度重视建设健康中国，多次发表重要讲话。2016年8月19日，习近平总书记在全国卫生与健康大会上指出，没有全民健康，就没有全面小康。要把人民健康放在优先发展的战略地位，以普及健康生活、优化健康服务、完善健康保障、建设健康环境、发展健康产业为重点，加快推进健康中国建设，努力全方位、全周期保障人民健康。

一直以来，我国政府都高度重视健康生活的营造，并出台了一系列相关政策。2009年，《国务院关于加快发展旅游业的意见》就明确提出，“大力推进旅游与相关产业和行业的融合发展，支持有条件的地区发展医疗健康旅游”。2013年9月，国务院发布了《关于促进健康服务业发展的若干意见》，提出到2020年，基本建立覆盖全生命周期的健康服务业体系，健康服务业总规模达到8万亿元以上。2014年，国务院印发《关于促进旅游业改革发展的若干意见》，提出要“积极发展休闲度假旅游，营造居民休闲度假空间；积极推动体育旅游，加强竞赛表演、健身休闲与旅游活动的融合发展；推进整形整容、内外科等优势医疗资源面向国内外提供医疗旅游服务；发挥中医药优势，形成一批中医药健康旅游服务产品；规范服务流程和服务标准，发展特色医疗、疗养康复、美容保健等医疗旅游”等；针对老年群体等要“结合养老服务业、健康服务业发展，积极开发多层次、多样化的老年人休闲养生度假产品”。

2015 年，《关于进一步促进旅游投资和消费的若干意见》再次将休闲度假旅游产品、老年旅游单独重点列出，并增加了以中医药健康旅游为代表的健康旅游等内容，提出要“大力开发休闲度假旅游产品，鼓励社会资本大力开发温泉、滑雪、滨海、海岛、山地、养生等休闲度假旅游产品；重点依托现有旅游设施和旅游资源，建设一批高水平旅游度假产品和满足多层次多样化休闲度假需求的国民度假地；加快推动环城市休闲度假带建设，鼓励城市发展休闲街区、城市绿道、骑行公园、慢行系统，拓展城市休闲空间”。同时，要求“积极发展老年旅游，加快制定实施全国老年旅游发展纲要，规范老年旅游服务，鼓励开发多层次、多样化老年旅游产品，大力推动乡村养老旅游发展，鼓励民间资本依法使用农民集体所有的土地举办非营利性乡村养老机构”。新增“积极发展中医药健康旅游”相关政策，“推出一批以中医药文化传播为主题，集中医药康复理疗、养生保健、文化体验于一体的中医药健康旅游示范产品，在有条件的地方建设中医药健康旅游产业示范园区，推动中医药产业与旅游市场深度结合，在业态创新、机制改革、集群发展方面先行先试；规范中医药健康旅游市场，扩大中医药健康旅游海外宣传，推动中医药健康旅游国际交流合作”。

2016 年 10 月，中共中央、国务院印发了《“健康中国 2030”规划纲要》，提出以普及健康生活、优化健康服务、完善健康保障、建设健康环境、发展健康产业为重点，把健康融入所有政策，全方位、全周期保障人民健康，大幅提高健康水平。2016 年末，国务院印发了《“十三五”旅游业发展规划》，旅游业发展五年规划历史上第一次成为国家重点专项规划。《“十三五”旅游业发展规划》要求“加快休闲度假产品开发，大力开发温泉、山地、森林、养生等休闲度假旅游产品，建设一批旅游度假区和国民度假地；鼓励中西部地区发挥资源优势开发特色休闲度假产品；加快推进环城市休闲度假带建设”。其明确提出“促进旅游与健康医疗融合发展，鼓励各地利用优势医疗资源和特色资源，建设一批健康医疗旅游示范基地；发展中医药健康旅游，启动中医药健康旅游示范区、示范基地和示范项目建设；发展温泉旅游，建设综合性康养旅游基地；制定老年旅游专项规划和服务标准，开发多样化老年旅游产品，引导社会资本发展非营利性乡村养老机构”。同时要“促进旅游与体育融合发展，编制体育旅游发展纲要，建成一批具有影响力的体育旅游目的地，建设一批体育旅游示范基地，推出一批体育旅游精品赛事和精品线路；引导和鼓励特色体育场馆、设施和基地向旅游者开放共享。支持有条件的地方举办有影响力的体育旅游活动”。

2017 年 5 月，经国务院同意，国家卫生计生委、国家发展改革委、财政部、国家旅游局、国家中医药管理局等五部门联合印发《关于促进健康旅游发展的指导意见》（以下简称《指导意见》），旨在促进健康服务与旅游深度融合，充分调动社会力量的积极性和创造性，顺应发展趋势，扩大有效供给，满足群众多层次、个性化健康服务和旅游需求，扩内需、稳增长、促就业、惠民生、保健康。其目标是到 2020 年，建设一批各具特色的健康旅游基地，形成一批健康旅游特色品牌，推广一批适应不同区域特点的健康旅游发展模式和典型经验，打造一批国际健康旅游目的地。到 2030 年，基本建立比较完善的健康旅游服务体系，健康旅游服务能力大幅提升，发展环境逐步优化，吸引更多的境外游客将我国作为健康旅游目的地，提升产业发展层级。《指导意见》从提高供给能力、培育消费市场、优化政策环境等三个方面部署了 13 项重点任务。主要包括：发展高端医疗、中医药特色、康复疗养、休闲养生等健康旅游产品；提升健康旅游服务品质；加大推广推介力度；健全健康旅游法治和监管体系，加强事中、事后监管；完善健康旅游业发展的支持政策；优化投融资引导政策，鼓励社会资本进入健康旅游产业。选择一批具备良好资源条件、具有前期工作基础、符合政策支持方向、地方积极性较高的健康旅游项目，建设各具特色的健康旅游示范基地。在行业准入、人才引进、执业环境等方面先行先试有关政策措施，推动体制机制创新。加强与健康旅游产业发达国家和地区的交流，加强与国际相关组织和机构的合作。

为贯彻落实全国卫生与健康大会和《“健康中国 2030”规划纲要》部署，2019 年 6 月，国务院印发了《关于实施健康中国行动的意见》，提出到 2030 年，全民健康素养水平大幅提升，健康生活方式基本普及，居民主要健康影响因素得到有效控制，因重大慢性病导致的过早死亡率明显降低，人均健康预期寿命得到较大提高，居民主要健康指标水平进入高收入国家行列，健康公平基本实现。

2019 年 7 月，国务院办公厅印发了《健康中国行动组织实施和考核方案》，提出了健康中国行动考核指标框架。同时，国务院发布了《健康中国行动（2019—2030 年）》，提出将开展 15 个重大专项行动，促进以治病为中心向以人民健康为中心转变，努力使群众不生病、少生病。该专项行动包括：健康知识普及、控烟、心理健康促进、心脑血管疾病防治、癌症防治等。2019 年 8 月，为贯彻落实全国卫生与健康大会和《“健康中国 2030”规划纲要》部署，加快推动健康产业发展，促进形成内涵丰富、结构合理的健康产业体系，国家发展改革委、教育部、科技部、工业和信息化部、民政部、财政部、人力资源社会保障部、自然资源部、生态环境部、住房和城乡建设部、商务部、文化和旅游部、国家卫生健康委、人民银行、税务总局、市场监管总局、体育总局、医疗保障局、银保监会、中医药管理局、药品监管局制定了《促进健康产业高质量发展行动纲要（2019—2022 年）》，提出到 2022 年，基本形成内涵丰富、结构合理的健康产业体系，优质医疗健康资源覆盖范围进一步扩大，健康产业融合度和协同性进一步增强，健康产业科技竞争力进一步提升，人才数量和质量达到更高水平，形成若干有较强影响力的健康产业集群，为健康产业成为重要的国民经济支柱性产业奠定坚实基础。“健康中国”建设已进入加快推进的实质性阶段。

2020 年 10 月，中国共产党第十九届中央委员会第五次全体会议深入分析国际国内形势，就制定国民经济和社会发展第十四个五年规划和二〇三五年远景目标提出建议，明确要把保障人民健康放在优先发展的战略位置，要加快发展健康、养老、育幼、文化、旅游、体育、家政、物业等服务业。健康产业的发展被置于首要位置。

三、健康生活目的地的内涵

“健康生活目的地”是个新概念，没有一个相对明确的定义，笔者认为健康生活目的地包括以下三个方面的含义。

第一，具备健康的环境条件。最美小镇要打造成健康生活目的地，首先需要有优美的人居环境，要彻底改变我国很多小镇普遍存在的脏乱差的状况。在自然环境方面，需要一定的森林植被覆盖率，空气、水、土等污染得到有效控制并达到规定标准。小镇整体风貌协调，环境优美，干净整洁。

第二，具备康复疗养等健康服务条件。健康生活目的地需要能使居住在该地的居民变得更健康。除了配备必需的医疗设施和医护人员，能进行疾病诊疗外，更需要提供各种康复疗养设施，中医推拿、针灸等康复保健手段，以及健康管理和养老服务等，形成健康服务体系。

第三，具备休闲度假条件。健康生活目的地是一个生活的目的地，是一个需要居住生活的地方。因此，需要为游客创造休闲度假的条件，需要打造文化旅游产品，增加度假旅游产品，并提供完善的旅游公共服务设施。

四、健康生活目的地的打造

综观欧洲的最美小镇，其绝大多数不仅是一个旅游小镇，更是一个宜居小镇，优美的环境、洁净的空气使小镇成为理想的居住地。健康生活目的地应该成为中国最美小镇的发展方向。根据中国的国情，选择一批具备一定条件的最美小镇，从健康服务能力、大健康产业发展、健康生活环境、健康素养水平和休闲度假旅游产品打造等方面将小镇打造成健康生活目的地，使其成为镶嵌在祖国大地上的一颗颗闪亮的明珠。具体来看，可以从五个方面将最美小镇打造成健康生活目的地。

（一）增强小镇的健康服务能力

1. 具备良好的公共卫生服务能力

目前，国内很多小镇卫生服务系统严重缺乏，最美小镇要成为健康生活目的地，必须具备良好的公共卫生服务能力。首先，小镇可以通过建立专业公共卫生机构、基层医疗卫生机构和医院，或者从其他医疗卫生机构购买服务的方式提供基本公共卫生服务。加强卫生院、卫生室、社区卫生服务中心（站）和专业公共卫生机构等的建设，不断丰富和拓展基本公共卫生服务内容，提高服务质量，做好流动人口基本公共卫生计生服务均等化工作。其次，小镇作为一个健康生活目的地，应该为特殊群体提供康复服务。完善残疾预防和残疾人康复及保障体系，采取措施为残疾人提供基本康复服务。优先开展残疾儿童康复工作，实行康复与教育相结合。制定职业病防治规划，建立健全职业健康工作机制，加强职业健康监督管理，提高职业病综合防治能力和水平。最后，可以探索建立长期性、制度化培训机制，通过专题讲座、脱产进修、对口支援等形式，对基层公共卫生人员进行普及性技能培训，不断提升业务水平。另外，从新冠肺炎的流行来看，加强重大传染病防控，完善传染病监测预警机制也是非常必要的。

2. 提升医疗服务能力

鼓励和支持公民、法人与其他组织通过依法举办机构及捐赠、资助等方式，参与小镇医疗卫生与健康事业，满足居民多样化、差异化、个性化健康需求。促进医疗美容、口腔正畸、体检、辅助生殖、健康管理等非基本医疗服务市场发展，鼓励高水平社会办医疗机构提供个性化高端服务。

通过招商引资，引进有实力的企业建设康养医院。推动“最美小镇康养中心”建设，打造囊括医疗、培训、康养等多种功能的医学中心。建立与国际接轨的应急医疗救助体系，设立危重患者安全转运应急绿色通道，打造“十五分钟急救圈”。实施公众除颤（PAD）普及等公众应急医疗计划，在交通枢纽、商业建筑、景区、酒店、餐厅、超市、社区中心、学校等公共场所配备自动体外除颤器（AED）等急救医疗设备。

3. 提高中医药服务能力

近年来，国家大力扶持和促进中医药发展，最美小镇应该发挥中医药在健康维护和促进方面的独特作用，提供中医药特色康复服务。制定推广一批中医康复方案，推进中医康复技术进社区、进家庭、进机构。可以在每个小镇的卫生院建设国医堂。鼓励社会力量举办中医医疗机构、中医药预防保健中心、中医药博物馆、中医经络按摩馆、中医传统运动项目馆、药膳馆等，开展中医特色治疗、健康干预、康复理疗、针灸推拿、药膳等服务。

（二）大力发展大健康产业

大健康产业是小镇成为健康生活目的地的重要支撑。各小镇要根据自身资源优势，大力发展医疗健康产业、医疗养老产业、健康养生产业、健康管理服务产业、健康食品产业、健康运动产业、健康保险产业、健康信息产业、健康文化产业等大健康产业，提升健康生活目的地的品质和层次。

1. 医疗健康产业

推动小镇多元化办医，形成以非营利性医疗机构为主体、营利性医疗机构为补充，公立医疗机构为主导、非公立医疗机构共同发展的多元办医格局。拓展多层次、多样化医疗健康服务，鼓励社会办医发展全科医疗服务，支持社会力量深入专科医疗等细分服务领域，扩大服务有效供给，支持社会力量举办独立设置的医学检验、病理诊断、医学影像、消毒供应、血液净化、安宁疗护等专业机构。引导社会资本进入高端医疗服务领域，鼓励有条件的小镇建设高水平的国际化医院；提升对外开放水平，吸引境外投资者通过合资合作方式举办高水平医疗机构。鼓励有条件的医疗机构取得国际医疗质量管理认证，并与国际健康保险机构建立合作关系。

2. 医疗养老产业

近年来，我国人口老龄化速度加快，孕育了庞大的养老服务需求。中共中央“十四五”规划提出，“实施积极应对人口老龄化国家战略”。未来，围绕人口老龄化，各地必将在老年教育、医疗、养老产业等多个领域，出台更多利好政策促进养老产业的发展。例如，2021 年 10 月 20 日，工业和信息化部、民政部、国家卫生健康委等三部门共同印发《智慧健康养老产业发展行动计划（2021—2025 年）》，旨在以智能产品和信息系统平台为载体，深度融合应用物联网、大数据、云计算、人工智能等新一代信息技术，满足人民群众日益迫切的健康及养老需求。

最美小镇应该在养老产业中发挥重要作用，成为养老产业重要的目的地。最美小镇应该以打造旅居养老目的地为目标，鼓励社会力量举办医养结合机构，有条件的养老机构可按照有关规定申请开办老年病医院、康复医院、护理院、中医类医院、安宁疗护机构等；鼓励社会资本投资新建以中医药健康养老为特色的护理院、疗养院、养生养老公寓，培育发展一批高端的中医药健康养老服务集团或品牌连锁机构；重点引进一批国内外知名的健康养老品牌企业，鼓励连锁化经营、集团化发展；培育一批各具特色、管理规范、服务标准的龙头企业。

支持养老服务产业与健康、养生、旅游、文化、健身、休闲等产业融合发展，丰富养老服务产业新模式、新业态，打造“养老+旅居+微度假”的最美小镇养老新模式。积极开展示范性全国老年友好型社区创建工作，更好地满足老年人在居住环境、日常出行、健康服务、养老服务、社会参与、精神文化生活等方面的需要。支持居家养老服务机构与基层医疗卫生机构签订医养结合合作协议，实现卫生健康与养老机构融合发展。部分小镇可以建立医养结合试点，为老年人提供日常护理、健康体检、保健咨询、慢性病管理、健康教育、中医药保健等服务；鼓励发展日间照料、全托、半托等多种形式的老年人照料服务，逐步丰富和完善服务内容，做好上门巡诊等健康延伸服务。支持企业开发康复辅具、食品药品、服装服饰、养老照护、智慧健康养老以及护理照料、休闲娱乐、文化旅游等老年用品和服务。大力发展“互联网+养老服务”，建设智慧养老服务平台，推动智能养老、智慧居家养老等逐渐实现落地应用。加强与世界著名专业照护机构的合作，积极探索“分级护理”的养老模式，形成针对普通老人、失能老人、认知症老人等的专门照护体系和机构，树立养老行业新标杆。支持老年地产发展，鼓励社会力量参与老年住宅、老年公寓等老年生活设施建设。鼓励支持小镇的空置公租房、国企物业等无偿或低偿用于养老。创新金融支持养老产业发展方式，拓宽养老服务机构融资渠道，拓展贷款抵、质押品范围。

3. 健康养生产业

根据小镇自身的资源特色，着力打造居住型养生、环境养生、文化养生、调补养生、美食养生、美容养生、运动养生、生态养生以及抗衰老服务等一系列康复养生服务产品。大力发展药浴、针灸推拿、中药贴敷、慢性病调理、养生保健技术。提升一批药膳、药浴、针灸、推拿等疗效明显的特色康体保健服务项目，构建一批亚健康调理中心、高端保健中心。打造一批疗愈型酒店，建设排毒中心，结合特制的中草药，通过饮食、运动、按摩等疗程进行排毒，利用最美小镇品牌，打造“最美疗愈酒店”品牌。

4. 健康管理服务产业

打造健康生活目的地，必须提供完善的健康管理服务。充分利用国家大力发展智慧健康产业的机遇，加快发展基于互联网的个性化健康管理服务业，强化全人全程监控管理理念，利用网络平台健康咨询热线、手机、电视终端等多种途径，拓展健康管理服务和远程监控监测管理服务。引进国内外知名的专业性健康体检机构和品牌，逐步开展以个人行为、生活方式、预防保健、慢性病管理为重点的全面、系统、连续、一对一的个人健康风险评估，加快发展以个性化体检、疾病筛查、保健指导、专业护理、调理康复、心理健康咨询等为主要内容的健康管理服务产业，探索集预防、评估、跟踪、随访、干预、指导、教育与促进为一体的新型健康管理服务模式。

积极培育健康管理市场，重点关注体检中心、体外诊断、微量元素检测、生殖健康、中医养生、月子中心和康复中心等市场前景广阔的领域。支持发展第三方医疗服务评价、健康管理服务评价，以及健康市场调查和咨询服务。

5. 健康食品产业

每个小镇都有本地的特色食品，要把打造“健康食品品牌”作为打造最美小镇的一项重要内容，以药食同源食品、新资源食品等生物资源为重点，研发营养均衡类、养生保健类、恢复健康类等功能性食品。挖掘整理本地特色菜系、地方风味特色菜系、天然野生菜系、保健养生特色菜系、农家绿色经典菜系和春夏秋冬主题美食，推出食疗药膳、养生餐饮。加快无公害、绿色、有机、健康产品认证，将特色食品通过认证打造成健康特色食品。

大力发展绿色有机健康食品产业，有条件的小镇可以打造全国知名大健康食品供应基地。出台优惠措施鼓励开创专业药膳酒楼、药饮茶楼等特色中医药消费服务场所，开展保健药膳、土菜大比拼，精选部分精品药膳进行推广。

6. 健康运动产业

加大全民健身设施建设力度，持续推进小型、多样化的球类场地、户外运动设施建设，合理布局全民健身中心、体育公园、多功能运动场、迷你体育场、健身广场等设施。有条件的小镇可以建设体育旅游示范区、体育旅游示范基地、运动休闲特色小镇。

欧洲所有的最美小镇几乎都设置了大量的户外徒步线路和运动项目，我国的小镇在这方面还很薄弱。因此，要大力发展户外拓展、户外露营、徒步旅行、运动训练等户外运动产品，加快发展垂钓、徒步、自行车等各类体育健康运动俱乐部。整合现有慢行道、绿道、健身步道、登山步道，串联主要的景点、森林公园、休闲场所，赋予不同步道文化内涵，打造由不同层级、不同类型步道组成的“大健康”游步道系统；同时构建户外运动安全救援网络。构建体医结合的体质健康服务模式，鼓励卫生医疗机构和社会力量开展运动风险评估，为群众进行体质测定、运动能力评定和运动健身指导。

7. 健康保险产业

积极推动最美小镇健康保险产业的发展，加快发展商业健康保险，鼓励商业保险机构开发与健康服务相适应的多样化、多层次、规范化的产品和服务。开发适应广大老龄群体需要和支付能力的商业医疗保险产品。建立商业保险机构与医疗、体检、护理等机构的合作机制，提供与商业健康保险产品相结合的疾病预防、健康维护、慢性病管理等健康管理服务。鼓励保险公司将医保目录外的合理医疗费用纳入保障范围。通过有序扩大对外开放、加强国际合作，促进提升健康保险发展和服务水平。按照统一规范要求，将商业养老保险纳入养老保障第三支柱加快建设。积极开发合适的补充养老保险产品，鼓励保险公司提供老龄照护、养老社区等服务，鼓励保险业参与长期护理保险试点。

8. 健康信息产业

以建设“智慧健康小镇”为目标，加快推动健康服务信息化发展。规范和推动“互联网+医疗健康”服务，通过建设“互联网+医疗健康”平台，整合镇域内的卫生健康信息资源，全面实现各业务间的数据和机构间的互联互通，为实现精准化、便捷化医疗提供大数据依据。

创新互联网健康医疗服务模式，持续推进覆盖全生命周期的预防、治疗、康复和自主健康管理一体化的国民健康信息服务。建设面向公众的个人健康管理系统，通过“互联网+医疗健康”平台，把健康医疗服务的信息汇聚到个人的健康空间，提供集预防、治疗、康复和自主健康管理于一体、服务到家的全程健康医疗服务。创新健康信息服务业态，探索发展网络医院，开展导医、预约、咨询、指导随访、监测等在线健康管理服务和互联网延伸医嘱、电子处方等网上诊疗服务。加快大数据、云计算、互联网、移动互联等信息技术在医疗服务、健康管理、养老服务等健康服务领域的应用，充分利用穿戴式智能设备、移动终端等终端设备，提供个性化健康管理信息服务。构建健康信息服务产业链，打造以智慧医疗系统为核心，数字化健康产品的研发设计、软件开发、信息技术咨询、数据处理和存储、数字内容服务为关键环节的健康产业链。

9. 健康文化产业

在每个小镇成立“健康文化传播中心”，推出“健康生活大讲堂”。将健康促进与教育工作纳入小镇经济和社会发展规划，逐步建立全面覆盖、分工明确、功能完善、运转高效的健康促进与教育体系。

实施中医药文化传播行动，大力普及中医药养生保健知识，推广健康生活方式；广泛开展老年人健康教育，把老年人中医养生保健方法纳入卫生健康宣传教育的内容；发展与医养健康有关的图书、报纸、期刊、音像制品和电子出版物出版产业，发挥好传统媒体、自媒体、新媒体的健康教育功能，推广普及医养健康科学知识。

（三）提升小镇旅游发展品质

国外最美小镇都是令人向往的旅游目的地，中国最美小镇要打造成健康生活目的地，就必须是一个有品质的旅游目的地，只有这样才能吸引更多游客来此休闲度假。小镇旅游品质的提升需要着力提升传统旅游产品质量、强化旅游新产品新业态培育、全力打造高端旅游品牌，完善旅游公共服务设施、大力发展乡村旅游、积极发展智慧旅游、提升旅游服务质量、优化旅游环境。其重点要在以下五个方面形成突破。

1. 高端旅游品牌建设

充分利用小镇的旅游资源，积极申报各类国家级旅游品牌，如国家级旅游度假区、国家森林康养基地、国家体育旅游示范基地、国家研学旅游示范基地、国家中医药健康旅游示范基地等。

2. 健康旅游产品打造

大力发展高端医疗、中医药特色、康复疗养、休闲养生等健康旅游产品，提升健康旅游服务品质，进一步完善健康旅游业发展的支持政策。选择一批具备良好资源条件、符合政策支持方向的健康旅游项目，建设各具特色的健康旅游示范基地，形成一系列叫得响、卖得俏的健康品牌，打造一系列能落地、有特色的康养园区。

3. 乡村旅游文化赋能

推动小镇乡村旅游从田园观光和吃农家饭的“农家乐”型到民宿和体验的“乡村度假”型，再到居住和生活的“乡村旅居”型的升级，吸引更多人群来康体养生。吸引更多年轻人、艺术家走进乡村，让乡村更有活力。推动文化赋能，将文化 IP 融入村味、村品、村艺、村趣，让游客既感受田园风光，又体味未曾远去的“乡愁”，让绿水青山变成金山银山。推动现代传播方式的融入，采用直播带货、短视频记录、微信朋友圈等方式让农村乡野生活和农副产品跃然屏上，使乡村成为城里人诗意的“栖息地”和农民致富的“聚宝盆”。

4. 民宿发展转型升级

将乡村民宿作为乡村振兴战略和最美小镇建设的重要抓手。积极打造甲级民宿，将甲级民宿建成网红打卡地。推动民宿经营品牌连锁化发展，以提升民宿的竞争力和专业化管理水平。

5. 夜游经济激发活力

充分利用本地文化和休闲度假资源优势，大力发展夜游经济，打造“五夜经济”（夜景、夜游、夜演、夜娱、夜宴），形成最美小镇夜间消费集聚区。

（四）构建健康生活环境

1. 加快生态文明建设

深入贯彻习近平总书记关于“绿水青山就是金山银山”的生态文明建设科学论断，以生态文明建设作为打造健康生活目的地的前提和根本保障。强化“绿色发展”导向，推广绿色生产方式，将“绿色发展”作为小镇的首要发展战略。不断完善生态文明建设目标体系、考核办法、奖惩机制，做到守土有责、守土尽责。打造绿色低碳循环产业体系，推动形成绿色发展格局。深入打好污染防治攻坚战，开展蓝天、碧水、净土污染防治行动，实施水气土环境要素质量分区管控制度，健全环境质量监测网络，打造优质人居生态环境，推动生态文明建设迈上新台阶。完善环境风险防控体系，全力保障生态环境安全底线。

2. 加强城乡综合治理

加强小镇环境卫生综合治理，建立和完善爱国卫生运动长效管理机制，持续开展爱国卫生“七个专项行动”，全面提升环境卫生水平，打造干干净净的家园，提升小镇居民幸福感。开展环境卫生整治行动，推动小镇实施“零垃圾”运动，全面推行垃圾分类减量和就地资源化利用；推广公共交通、自行车、新能源车、汽车分时租赁等绿色出行方式，推广绿色建筑和装配式建筑，创建绿色生态示范城区；加强食品安全监管，完善食品安全全程追溯体系和食品检验检测体系；促进道路交通安全，培养道路交通安全文明意识；加强应急处置演练，提高突发事件应急处置能力。

（五）提高健康素养水平

1. 加强健康教育

完善最美小镇的健康教育体系，推动在医疗卫生机构、养老机构、学校、社区和工作场所建立健康教育点；利用新媒体拓展健康教育新渠道，完善健康资讯传播网络；加强中医药科普宣传，传播中医药健康文化，提升群众中医养生保健素养。普及健康文化理念，传播医学和健康常识，按照国家统一安排开展“健康中国行”宣传教育活动，鼓励卫生健康行业学会、协会组织专家开展多种形式的、面向公众的健康科普活动和面向机构的培训工作，引导公众树立科学的生命观；增强公众对个人健康负责意识，提高自我健康管理意识和对自身健康投资和消费意识，引导公众形成理性的健康消费习惯；加强医务人员人文教育，大力弘扬敬佑生命、救死扶伤、甘于奉献、大爱无疆的职业精神，提高医务人员职业道德水准。

2. 塑造健康行为

加强控烟限酒，推进最美小镇无烟环境建设，实现室内公共场所全面禁烟，开展限酒健康教育，加强有害使用酒精监测和干预，减少酗酒；引导合理膳食，普及膳食营养健康知识，发布适合不同人群特点的膳食指南；减少不安全性行为和药物滥用，加强性道德、性健康、性安全宣传教育和干预，减少意外妊娠和性病、艾滋病等疾病传播，加强毒品预防教育；促进心理健康和精神卫生，开展心理健康科普，提高公众主动就医意识，推进心理健康咨询点建设，鼓励、引导社会力量提供心理健康和精神障碍康复服务。

3. 提高身体素质

加快开放体育资源，创新健身休闲运动项目推广、普及方式，完善全民健身公共服务体系，支持和引导社会力量参与体育场馆、健身休闲设施的规划建设及运营管理；扶持和引导各类体育健身组织发展，普及科学健身知识和方法，广泛开展全民健身运动，扶持推广小镇的民族、民俗、民间、传统运动，促进体育生活化，加强全民健身活动与重大国际体育赛事、重大节庆活动等有效连接，引领全民健身新时尚。

最美小镇健康生活目的地指标体系见表4-1。

表 4-1　最美小镇健康生活目的地指标体系

领域	主要指标	目标值
健康环境	绿化覆盖率（%）	大于 50
	气候舒适度	小于 4.55
	地表水质量达到或优于Ⅲ类水体比例（%）	90
	空气质量优良天数比例（%）	98
	康复疗养区等需要安静区域的环境噪声限值	≤0 类
	污水集中处理率（%）	100
	生活垃圾无害化处理率（%）	100
	建成区人均公园绿地面积（平方米）	20
	森林公园空气负离子浓度（个/立方厘米）	大于 3000
	森林公园空气颗粒物浓度（微克/米）	PM2.5≤35
	森林公园空气氧气浓度（%）	大于 22
	森林公园噪声水平（级）	0
医疗服务	每千人常住人口执业（助理）医师数（人）	5
	每千人医疗卫生机构床位数（张）	7
	每千人注册护士数（人）	6
	每万人全科医生数（人）	3
	社会办医院床位占医院床位总数的比重（%）	≥30
	二级以上综合性医院设老年医学科比例（%）	100
	养老机构以不同形式为入住老年人提供医疗卫生服务比例（%）	100
	中医医院设置治未病科室比例（%）	100
	三级中医医院设置康复科比例（%）	90
	镇卫生院、社区卫生服务中心提供 6 类以上中医非药物疗法的比例（%），村卫生室提供 4 类以上中医非药物疗法的比例（%）	100
健康水平	人均预期寿命（岁）	80
	居民健康素养水平（%）	30
	居民营养健康知识知晓率（%）	80
	国民体质测定合格率（%）	92
	经常参加体育锻炼人数比例（%）	≥40

续表

领域	主要指标	目标值
健康运动	人均体育场地面积（平方米）	≥2
	健身步道人均长度（米/万人）	400
	体育公园（个）	2
	每万人拥有足球场地数量（块）	1.2
	社区体育设施覆盖率（%）	100
	社区15分钟健身圈（%）	100
	新建住宅小区体育设施覆盖率（含800平方米多功能运动场地和社区游园内10%~15%的体育活动场地）	≥100
	每千人拥有的社会指导员数量（人）	≥2.3
旅游供给	外部交通设施完善，可进入性良好	
	有丰富的旅游业态	
	具有与养生资源相应的产品和服务，包括但不限于温泉、SPA、森林浴、药膳、茶道、中医理疗、冥想、瑜伽、禅修、武术等，以达到康养目的	
	旅游咨询服务中心（站、点）覆盖游客集中区域	
	旅游厕所满足游客需求	
	有完善的旅游安全体系	
	有完善的智慧旅游系统	
	有数量充足、类型多样的康养住宿设施	
	有多样化、地方特色或民族特色风味的康养餐饮设施，餐饮环境整洁、卫生	
	有特色突出、类型丰富、互动性强、深度体验的户外及室内休闲娱乐产品	
健康服务	提供健康评估、健康咨询、健康干预等中医养生保健服务	
	培育出有当地特色的养生用品和保健品	
	开展中医特色保健项目	
	配备远程医疗的设施设备开展远程医疗服务	
	开展中医养生知识文化活动	
	构建健康科普知识发布和传播机制	

第五章

中国最美小镇的评定

一、中国相关小镇的评定

目前，我国各种名目的小镇比较多，也制定了相应的评定标准。从国家层面来看，有中国历史文化名镇（村）、全国重点镇、全国特色景观旅游示范名镇（村）、全国美丽宜居小镇、中国特色小镇等。从地方层面来看，除了与国家级对应的省级镇（村）外，各省也有自己的小镇品牌。如湖北旅游名镇、北京旅游特色小镇、安徽旅游小镇、陕西特色旅游名镇、海南特色旅游风情小镇、辽宁生态旅游小镇、浙江旅游风情小镇等。

（一）国家层面各类小镇的评定

1. 中国历史文化名镇（村）

我国村镇有大量历史传统建筑，是我国灿烂传统文化的重要组成部分，其中不少具有很高的历史文化保护价值和可供借鉴的建筑艺术价值，必须切实注意加强保护。为更好地保护、传承和发扬我国优秀建筑历史文化遗产，弘扬民族传统和地方特色，住房和城乡建设部决定，在全国范围内评选命名全国历史文化名镇和全国历史文化名村。凡建筑遗产、文物古迹和传统文化比较集中，能较完整地反映某一历史时期的传统风貌和地方特色、民族风情，具有较高的历史、文化、艺术和科学价值，辖区内存有清朝以前年代建造或在中国革命历史中有重大影响的成片历史传统建筑群，总建筑面积在5000平方米以上（镇）或2500平方米以上（村）的镇（村），均可参加全国历史文化名镇（村）的申报评定。

2003 年，住房和城乡建设部与国家文物局出台了《中国历史文化名镇（村）评选办法》，规定了评选中国历史文化名镇（村）的基本条件与评价标准（见表 5-1）。我国首批历史文化名镇有 10 处，首批历史文化名村有 9 处。

目前，我国共评定了七批中国历史文化名镇、名村，第一批 22 个、第二批 58 个、第三批 77 个、第四批 94 个、第五批 99 个、第六批 178 个、第七批 271 个。

表 5-1　中国历史文化名镇、名村评价指标体系

指标	指标分解及释义	分值升降方法（略）	最高限分
一、价值特色			70
1. 镇或村庄建成区文物等级与数量	（1）文物保护单位数量		5
	（2）文物保护单位最高等级		5
	（3）市县政府公布的登记不可移动文物数量		3
2. 镇或村庄建成区历史建筑数量	（4）市县政府公布的历史建筑数量		5
3. 重要职能特色	（5）反映重要职能与特色的历史建筑保存完好情况（重要职能特色指历史上曾作为区域政治中心、军事要地、交通枢纽和物流集散地；或少数民族宗教圣地；传统生产、工程设施建设地；集中反映地区建筑文化和传统风貌；或是重大历史事件发生地或名人生活居住地）		3
4. 镇或村庄建成区不可移动文物与历史建筑规模	（6）现存文物保护单位、登记不可移动文物、历史建筑的建筑面积		3
5. 历史环境要素	（7）保存有体现村镇传统特色和典型特征的环境要素数量		3
6. 历史街巷（河道）规模	（8）保存有形态完整的、传统风貌连续的历史街巷（河道）数量		5
	（9）保存有形态完整、传统风貌连续的历史街巷（河道）总长度		3

续表

指标	指标分解及释义	分值升降方法（略）	最高限分
7. 核心保护区风貌完整性、历史真实性、空间格局特色功能	（10）聚落与自然环境完整度		2
	（11）空间格局及功能特色		3
	（12）核心保护区用地面积规模		5
	（13）核心保护区文物保护单位、登记不可移动文物、历史建筑用地面积占核心保护区全部用地面积比例		4
	（14）核心保护区文物保护单位、登记不可移动文物数量		4
	（15）核心保护区历史建筑数量		6
8. 核心保护区生活延续性	（16）核心保护区中原住居民比例		5
9. 非物质文化遗产	（17）拥有传统节日、传统手工艺和特色传统风俗类型，以及源于本地，并广为流传的诗词、传说、戏曲、歌赋的数量		3
	（18）非物质文化遗产等级		3
二、保护措施			30
10. 保护规划	（19）保护规划编制与实施		8
11. 保护修复措施	（20）对登记不可移动文物建档并挂牌保护的比例		4
	（21）对历史建筑、环境要素登记建档并挂牌保护的比例		6
	（22）建立保护规划及修复建设公示栏情况		2
	（23）为居民和游客建立警示保护标志数量		2
12. 保障机制	（24）保护管理办法的制定		2
	（25）保护机构及人员		3
	（26）每年用于保护维修资金占全年村镇建设资金比例		3
总计	其中：一、价值特色为 70 分；　二、保护措施为 30 分		100

2. 全国重点镇

2004 年 2 月，按照《中共中央、国务院关于做好农业和农村工作的意见》和《国务院办公厅关于落实中共中央、国务院做好农业和农村工作意见有关政策措施的通知》要求，住房和城乡建设部会同国家发展改革委、民政部、国土资源部、农业部、科技部开展了确定全国重点镇工作。经六部委研究，将北京市昌平区小汤山镇等 1887 个镇列为全国重点镇。

2014 年 7 月 21 日，为贯彻落实党的十八大精神，适应新型城镇化发展要求，加快重点小城镇建设，提高发展质量，增强小城镇产业发展、公共服务、吸纳就业、人口集聚的功能，促进城乡发展一体化，住房和城乡建设部、国家发展改革委、财政部、国土资源部、农业部、民政部、科技部七部委对 2004 年公布的全国重点镇进行了增补调整，将北京市门头沟区潭柘寺镇等 3675 个镇列为全国重点镇，原 2004 年公布的全国重点镇名单同时废止。

3. 全国特色景观旅游示范名镇（村）

为了保护村镇的自然环境、田园景观、传统文化、民族特色、特色产业等资源，推动城乡统筹协调发展，增进城乡交流，增加农民收入，扩大内需，促进农村经济社会的全面发展，2009 年 1 月 4 日，住房和城乡建设部与国家旅游局发布了关于开展全国特色景观旅游名镇（村）示范工作的通知，此项工作重在以旅游为突破口，带动新农村建设。为此，我国专门制定了《全国特色景观旅游名镇（村）示范导则》和《全国特色景观旅游名镇（村）示范考核办法》，重点在于评价景观资源（总分 100 分，景观资源占 50 分），旅游要素只占 10 分。考核条件包括资源与景观、旅游经济等九个方面（见表 5-2）。目前，我国共发布了三批全国特色景观旅游名镇（村），第一批 105 个、第二批 111 个、第三批 337 个。

表 5-2　全国特色景观示范镇（村）示范考核条件

序号	评定项目
1	资源与景观
2	旅游经济
3	规划与建设
4	基础设施
5	资源保护
6	人居环境
7	综合管理
8	旅游服务
9	旅游安全

4. 全国美丽宜居小镇

为贯彻落实党的十八大关于建设美丽中国和深入推进新农村建设的精神，以及《国民经济和社会发展第十三个五年规划纲要》关于加快建设美丽宜居乡村的要求，2003 年 7 月，住房和城乡建设部出台了《关于开展美丽宜居小镇、美丽宜居村庄示范工作的通知》，要求按照美丽宜居村（镇）示范指导性要求，选择自然景观和田园风光美丽宜人、村（镇）风貌和基本格局特色鲜明、居住环境和公共设施配套完善、传统文化和乡村要素保护良好、经济发展水平较高且当地居民（村民）安居乐业的村庄和镇作为示范候选对象，并积极探索符合本地实际的美丽宜居村（镇）建设目标、模式和管理制度，科学有序推进美丽宜居村（镇）建设。到目前为止，我国评定出四批全国美丽宜居小镇，合计 190 个，其中，第一批 8 个、第二批 45 个、第三批 42 个、第四批 95 个。

美丽宜居小镇示范指导性要求和说明材料要求见表 5-3。中国美丽宜居小镇示范名单见表 5-4。

表 5-3　美丽宜居小镇示范指导性要求和说明材料要求

示范要点		指导性要求	说明材料要求
基本情况	基本情况	镇域基本情况介绍，包括镇域面积、镇区面积、常住人口、户籍人口、主要产业和所获称号等	提供基本情况文字说明，以及镇域现状图、卫星影像图或现状图、镇区规划图
	收入水平	居民人均可支配收入、镇财政收入在所属地级市各镇中名列前茅	提供居民人均可支配收入、镇财政收入数据及在所属地级市各镇排名或文字说明
	就业保障	居民就业率、医疗养老参保率在所属地级市各镇中名列前茅，孤寡老残救助工作较好，低保能及时足额支付	提供相关数据和文字说明
山水田园	自然景观	保护好镇域内的地形地貌、河湖水系、森林植被、动物栖息地等自然景观。 景区景点档案完整，划定保护红线。 慎砍树、禁挖山、不填湖	提供镇域自然景观和重点景区、景点照片各不少于 3 张，附文字说明
	田园风光	镇域内的农田、牧场、林场、鱼塘、沟渠等田园风光整治利用充分。 防止因环境污染、过度开发，对田园风光造成破坏性冲击	提供反映田园风光的照片不少于 3 张，附文字说明
	村庄风貌	村庄乡村特色风貌保持较好，与周边环境相得益彰，村景交融。 防止村庄无序建设，乱拆乱建	提供镇域内 3 个以上村庄整体风貌照片，各村庄不少于 1 张
整体形态	整体风貌	镇区整体形态、风貌与周边环境和谐统一，体现地域特色。 防止外来建筑风格对原有风貌的破坏	提供镇区不同角度整体鸟瞰照片不少于 3 张，照片应能反映镇区整体风貌、天际线、镇区空间布置
	格局特色	格局走向尊重山形水势，契合地貌，布局上要因地制宜，建设规模尺度宜人，主要建筑层数不宜超过六层。 防止破坏山形地貌，建筑尺度过大，路网形式简单方正、不依山就势	提供镇区道路格局与地势地貌关系的照片不少于 1 张，附文字说明
街巷建筑	街巷空间	街巷空间错落有致，风貌要体现地域性小城镇特色。 小镇出入口、广场、重要交叉口等重要节点设置合理，尺度宜人。 防止街巷空间尺度过大，特色缺失	提供不少于 3 条重要街巷和 3 个重要空间节点照片，附文字说明
	建筑住房	建筑风格、规模、尺度体现小城镇特色，住房功能齐全、风貌协调。 防止建筑风貌、体量不协调，简单套用城市建筑形式	提供 5 个典型住宅或院落照片，附文字说明

续表

示范要点		指导性要求	说明材料要求
环境景观	园林绿地	借景山水、巧用田园、治理沟渠，多使用本地树种，灵活布置街头绿地。 防止大规模绿地、大草坪，防止过于人工化、过度硬质铺装	提供园林绿地照片不少于6张，附文字说明
	景观设施	景观设施优美实用、种类丰富，反映小城镇特色，具有地域文化、民族传统或时代特色。 避免景观设施尺度过大，简单克隆城市景观	提供景观小品照片不少于5张，附文字说明
传统文化	历史遗产	建档保护历史遗产，明确保护范围和要求，编撰村镇历史相关文献。 防止建设性破坏与保护性破坏	提供主要历史遗产照片不少于3张，附保护措施等文字说明
	民族风俗	挖掘地域文化、传统风俗，传承传统文化，丰富现代文化，活动广场、文体设施等文化场所空间合理完善。 防止文化同质化、庸俗化，避免配置大广场	提供各类民族风俗、文化活动照片各不少于3张，附文字说明
公共服务	公共服务	公共建筑体现地域特征和文化传承，建筑功能复合。 教育、医疗、养老等公共设施规模适宜，服务半径合理，能满足居民需求	提供重要公共建筑（教育、医疗、文化、养老等）照片不少于3张，附文字说明
	商业服务	规模适宜，服务半径合理，能满足居民需求	提供商业建筑照片不少于3张，附文字说明
基础设施	供水设施	饮用水水质100%达标	提供供水设施照片，附水质检测达标证明材料照片或文字说明
	污水治理	污水处理率达到80%以上，因地制宜确定治理方案	提供污水处理设施照片，附污水治理率达标的证明材料照片或文字说明
	垃圾治理	垃圾收集处理率较高，垃圾处理率在所属地级市各镇中名列前茅。 垃圾处理设施和工作机制完善	提供垃圾处理设施照片，附工作机制说明
	公厕设施	服务半径合理，能满足居民需求	提供公厕照片，附文字说明
交通路网	道路设施	过境公路不干扰小镇生活。 镇区道路宽度适宜，交通畅达，合理设置停车场，交通标识齐全，步行道路铺装体现地方特色。 避免道路过宽，破坏小城镇特色	提供对外联系道路照片、交通设施照片各不少于3张，并对主干道宽度进行说明

续表

示范要点		指导性要求	说明材料要求
综合管理	建设管理	建设规划管理机构健全，人员齐备。 镇容管理制度健全有效	提供各类镇容管理、规划建设管理和人员配备情况文字说明，附相关照片
	安全防灾	防火、防汛、防涝、防震、抗旱等相关设施齐全。 道路交通、火灾等突发安全事故率低于所属地级市镇平均水平	提供防灾设施照片，附文字说明
	生态低碳	环境保护良好，破坏的得到有效修复。 土地利用节约集约，节约用水，注重可再生能源利用，推广绿色交通、绿色建筑，开展既有建筑节能改造	提供镇域环境保护的介绍，提供可再生能源使用、绿色建筑文字说明和照片

表 5-4　中国美丽宜居小镇示范名单

批次	美丽宜居小镇示范名单
第一批	江苏省苏州市吴江区同里镇、浙江省宁波市奉化市溪口镇、安徽省合肥市肥西县三河镇、江西省上饶市婺源县江湾镇、山东省威海市环翠区张村镇、湖南省湘潭市韶山市清溪镇、海南省琼海市博鳌镇、云南省保山市腾冲县和顺镇
第二批	北京市房山区长沟镇、北京市大兴区庞各庄镇、北京市密云县溪翁庄镇、河北省邯郸市肥乡县天台山镇、山西省大同市浑源县永安镇、内蒙古自治区呼伦贝尔市扎兰屯市柴河镇、内蒙古自治区鄂尔多斯市鄂托克旗乌兰镇、辽宁省鞍山市海城市西柳镇、辽宁省丹东市东港市孤山镇、吉林省延边朝鲜族自治州敦化市大蒲柴河镇、黑龙江省鹤岗市萝北县名山镇、上海市松江区新浜镇、上海市青浦区朱家角镇、江苏省无锡市江阴市新桥镇、江苏省苏州市吴中区甪直镇、江苏省苏州市常熟市梅李镇、浙江省杭州市桐庐县分水镇、浙江省金华市兰溪市游埠镇、福建省泉州市晋江市金井镇、福建省泉州市德化县水口镇、福建省宁德市蕉城区霍童镇、江西省鹰潭市贵溪市塘湾镇、江西省赣州市赣县湖江镇、江西省吉安市青原区富田镇、山东省潍坊市安丘市辉渠镇、山东省枣庄市市中区税郭镇、河南省郑州市巩义市竹林镇、河南省南阳市西峡县双龙镇、河南省信阳市商城县达权店镇、湖北省十堰市丹江口市龙山镇、湖北省黄石市大冶市陈贵镇、湖北省宜昌市宜都市枝城镇、湖南省长沙市宁乡县花明楼镇、湖南省郴州市汝城县热水镇、湖南省湘西土家族苗族自治州龙山县里耶镇、广东省广州市南沙区东涌镇、海南省澄迈县福山镇、重庆市黔江区小南海镇、四川省成都市郫县三道堰镇、四川省德阳市绵竹市九龙镇、四川省泸州市合江县福宝镇、贵州省贵阳市花溪区青岩镇、贵州省黔东南苗族侗族自治州黎平县肇兴镇、云南省保山市腾冲县界头镇、新疆维吾尔自治区昌吉回族自治州奇台县半截沟镇

续表

批次	美丽宜居小镇示范名单
第三批	北京市延庆区千家店镇、天津市蓟县穿芳峪镇、内蒙古自治区阿拉善盟阿拉善右旗巴丹吉林镇、辽宁省盘锦市大洼县赵圈河镇、吉林省通化市辉南县金川镇、黑龙江省牡丹江市东宁县道河镇、上海市奉贤区庄行镇、上海市浦东新区唐镇、江苏省苏州市吴江区震泽镇、江苏省盐城市东台市安丰镇、江苏省淮安市洪泽县老子山镇、浙江省嘉兴市桐乡市乌镇镇、浙江省湖州市德清县莫干山镇、浙江省衢州市江山市廿八都镇、安徽省宣城市泾县桃花潭镇、安徽省黄山市歙县深渡镇、安徽省池州市石台县七都镇、福建省泉州市永春县岵山镇、江西省宜春市袁州区温汤镇、江西省宜春市高安市华林山镇、山东省威海市乳山市海阳所镇、山东省青岛市胶州市李哥庄镇、河南省南阳市方城县拐河镇、湖北省黄冈市罗田县九资河镇、湖北省随州市随县长岗镇、湖南省郴州市资兴市黄草镇、湖南省衡阳市珠晖区茶山坳镇、湖南省长沙市望城区乔口镇、广东省广州市增城区派潭镇、广西壮族自治区崇左市大新县硕龙镇、广西壮族自治区桂林市龙胜各族自治县龙脊镇、海南省琼海市万泉镇、重庆市涪陵区武陵山乡、四川省绵阳市三台县芦溪镇、四川省广元市朝天区羊木镇、贵州省安顺市西秀区旧州镇、云南省保山市隆阳区潞江镇、陕西省汉中市洋县华阳镇、陕西省汉中市镇巴县杨家河镇、陕西省延安市宝塔区枣园镇、青海省海南藏族自治州贵德县河阴镇、新疆维吾尔自治区伊犁哈萨克自治州伊宁市巴彦岱镇
第四批	北京市怀柔区雁栖镇、北京市门头沟区妙峰山镇、北京市延庆区八达岭镇、天津市蓟州区下营镇、天津市宝坻区林亭口镇、河北省石家庄市平山县西柏坡镇、河北省承德市兴隆县半壁山镇、内蒙古自治区鄂尔多斯市伊金霍洛旗伊金霍洛镇、内蒙古自治区包头市土右旗萨拉齐镇、内蒙古自治区赤峰市克什克腾旗同兴镇、辽宁省丹东市凤城市刘家河镇、辽宁省营口市鲅鱼圈区熊岳镇、辽宁省盘锦市盘山县甜水镇、辽宁省鞍山市海城市腾鳌镇、吉林省长春市双阳区鹿乡镇、吉林省通化市梅河口市曙光镇、吉林省辽源市东辽县金州乡、黑龙江省佳木斯市同江市街津口赫哲族乡、黑龙江省牡丹市穆棱市下城子镇、黑龙江省绥化市安达市卧里屯镇、上海市金山区张堰镇、上海市松江区佘山镇、上海市崇明区横沙乡、江苏省苏州市昆山市陆家镇、江苏省徐州市邳州市官湖镇、江苏省常州市武进区嘉泽镇、江苏省无锡市惠山区阳山镇、江苏省连云港市海州区浦南镇、浙江省丽水市龙泉市上垟镇、浙江省金华市义乌市佛堂镇、浙江省湖州市安吉县孝丰镇、浙江省绍兴市柯桥区平水镇、浙江省杭州市桐庐县富春江镇、安徽省合肥市庐江县汤池镇、安徽省黄山市休宁县齐云山镇、安徽省安庆市潜山县水吼镇、福建省福州市永泰县嵩口镇、福建省宁德市蕉城区赤溪镇、福建省龙岩市永定区湖坑镇、江西省景德镇市浮梁县瑶里镇、江西省鹰潭市龙虎山风景名胜区上清镇、江西省南昌市湾里区太平镇、山东省烟台市莱州市金城镇

续表

批次	美丽宜居小镇示范名单
第四批	山东省济宁市邹城市城前镇、山东省临沂市沂南县铜井镇、河南省南阳市西峡县二郎坪镇、河南省洛阳市栾川县陶湾镇、河南省安阳市林州市茶店镇、湖北省黄石市大冶市还地桥镇、湖北省神农架林区红坪镇、湖南省怀化市溆浦县思蒙镇、湖南省郴州市苏仙区飞天山镇、湖南省长沙市宁乡县沩山乡、湖南省永州市宁远县湾井镇、广东省东莞市麻涌镇、广东省佛山市顺德区北滘镇、广东省广州市从化区温泉镇、广西壮族自治区贺州市八步区贺街镇、广西壮族自治区桂林市兴安县界首镇、海南省琼海市塔洋镇、重庆市荣昌区万灵镇、重庆市江津区塘河镇、重庆市九龙坡区金凤镇、重庆市巴南区东温泉镇、重庆市南川区大观镇、四川省成都市温江区万春镇、四川省德阳市罗江县白马关镇、四川省眉山市洪雅县柳江镇、四川省泸州市纳溪区大渡口镇、四川省绵阳市安州区桑枣镇、贵州省遵义市仁怀市茅台镇、贵州省黔东南苗族侗族自治州黄平县旧州镇、贵州省黔南布依族苗族自治州瓮安县猴场镇、贵州省安顺市普定县白岩镇、云南省楚雄彝族自治州禄丰县黑井镇、云南省大理白族自治州洱源县凤羽镇、云南省红河哈尼族彝族自治州建水县西庄镇、云南省普洱市江城哈尼族彝族自治县整董镇、陕西省铜川市耀州区照金镇、陕西省商洛市山阳县漫川关镇、陕西省汉中市宁强县青木川镇、陕西省西安市蓝田县汤峪镇、甘肃省武威市天祝藏族自治县天堂镇、甘肃省庆阳市华池县南梁镇、甘肃省金昌市金川区双湾镇、青海省海西蒙古族藏族自治州乌兰县茶卡镇、青海省海北藏族自治州祁连县八宝镇、宁夏回族自治区中卫市沙坡头区迎水桥镇、宁夏回族自治区石嘴山市惠农区红果子镇、新疆维吾尔自治区吐鲁番地区吐鲁番市高昌区亚尔镇、新疆维吾尔自治区博尔塔拉蒙古自治州博乐市小营盘镇、新疆维吾尔自治区阿勒泰地区布尔津县冲乎尔镇、新疆生产建设兵团第五师八十四团、新疆生产建设兵团第二师二十四团、新疆生产建设兵团第一师十团

5. 中国特色小镇

为贯彻中共中央、国务院关于推进特色小镇、小城镇建设的精神，落实《国民经济和社会发展第十三个五年规划纲要》关于加快发展特色镇的要求，2016 年 7 月，住房和城乡建设部、国家发展改革委、财政部联合出台《关于开展特色小镇培育工作的通知》，提出通过培育特色鲜明、产业发展、绿色生态、美丽宜居的特色小镇，探索小镇建设健康发展之路，促进经济转型升级，推动新型城镇化和新农村建设。特色小镇要有特色鲜明的产业形态、和谐宜居的美丽环境、彰显特色的传统文化、便捷完善的设施服务、充满活力的体制机制。到 2020 年，培育 1000 个左右各具特色、富有活力的休闲旅游、商贸物流、现代制造、教育科技、传统文化、美丽宜居等特色小镇，引领带动全国小城镇建设，不断提高建设水平和发展质量。

目前，我国共评定出三批中国特色小镇，合计 740 个，其中，第一批中国特色小镇名单涉及 32 省份共 127 个小镇，第二批特色小镇共 276 个，第三批特色小镇共 337 个。

国家特色小镇申报审批打分标准见表 5-5。

表 5-5　国家特色小镇申报审批打分标准

指标	主要考察内容	满分
产业发展	产业是否符合国家的产业政策导向；现有产业是否为传统产业的优化升级或者新培育的战略性新兴产业；产业知名度影响力有多强，产业是否有规模优势；特色产业还应该具有产业带动作用以及较好的产业发展创新环境	25
美丽宜居	一是城镇风貌，包括整体格局与空间布局、道路路网、街巷风貌、建筑风貌、住区环境等 5 个指标。二是镇区环境（公园绿地、环境卫生）以及镇域内美丽乡村建设	25
文化传承	从文化传承和文化传播两个维度考察小镇的文化传承情况	10
服务便捷	从道路交通、市政设施、公共服务设施等三大方面考核小镇的设施服务便捷性	20
体制机制	是否具有产镇融合、镇村融合、文旅融合等先进发展理念；发展是否严格遵循市场主体规律等；规划建设管理是否有创新，规划编制是否实现多规合一；省、市、县对特色小镇的发展是否有决心，支持政策是否有创新	20

（二）省级层面各类小镇的评定

我国省级层面的各类小镇很多，本书选取几个具有代表性的案例予以说明。

1. 北京旅游特色小镇

北京旅游特色小镇是指旅游资源丰富、景观风貌特色鲜明、产业集聚，具备一定旅游接待能力，旅游业在经济发展中占有重要地位的地域单元。北京旅游特色小镇划分为四种类型：旅游各要素齐全的旅游综合体；依托于著名景区的大型服务综合体；具有统一品牌的特色乡村集合体（单个村庄不能申报）；旅游发展到一定水平的建制镇或建制镇的一部分。北京旅游特色小镇评价体系分为城镇发展基础、旅游业的综合贡献、旅游产品的聚集程度及吸引力、旅游基础设施与公共服务体系、社区参与程度与社区带动效应、管理与保障、环境与保护、创新技术应用八个方面。

2. 浙江旅游风情小镇

浙江旅游风情小镇是指在行政建制镇（乡、街道）范围内，拥有独特的自然风景、建筑风貌、节会风俗、特产风物、餐饮风味和人物风采，以旅游休闲为主导功能，以规划保护为前提，人居环境优美和谐、地域风情丰富多彩、公共服务配套完善、综合管理保障有力的特定区块。浙江旅游风情小镇应同时具备以下认定要求。

（1）必备性要求：

◇ 有浙江旅游风情小镇建设保护方案和相应的管理措施；

◇ 通过旅游的植入，有一定数量的浙江旅游风情小镇乡土风情，形成主客共享的体验产品；

◇ 有良好的人居环境；

◇ 有完整的旅游公共服务体系；

◇ 有完善的管理组织与机制保障，有实施到位的政策与制度；

◇ 必须有85%以上的游客与居民满意度。

（2）限定性要求：

◇ 三年内未发生重大旅游安全责任事故；

◇ 未发生恶性或群体性旅游市场事件；

◇ 无黄赌毒、三俗等旅游不文明现象；

◇ 无破坏生态环境和历史文化遗产等现象。

具体认定指标根据《浙江省旅游风情小镇评定细则》进行评定，主要包括规划保护、风情体验、人居环境、公共服务和综合保障五个大的方面。总分为650分，浙江旅游风情小镇的认定基本得分为520分。

3. 海南特色旅游风情小镇

海南特色旅游风情小镇是指具有浓郁民俗风情、地方特色鲜明、人文景观及自然生态环境具有较高的视觉审美价值和旅游价值的建制镇（不包括县城）、农场（农垦社区）、集镇，以及具有一定区域经济、文化和生活服务中心的人口集聚的岛屿。海南特色旅游风情小镇的评定范围包括资源与景观、旅游经济、规划与建设、基础设施、资源保护、人居环境、综合管理、旅游服务、旅游安全九个方面。总分 100 分，90 分以上为五星级特色旅游风情小镇，80~90 分为四星级特色旅游风情小镇，70~80 分为三星级特色旅游风情小镇。

另外，海南对特色旅游风情小镇的评定也设置了否决因素，规定发生以下问题之一的，不得申报：

（1）历史文化资源发生重大破坏、造成严重后果的；

（2）近三年内发生过建设工程重大安全事故的；

（3）近三年内出现过重大环境污染事故的；

（4）近三年内出现过重大旅游安全事故的；

（5）近一年内出现旅客投诉欺客、宰客，经查属实的。

4. 湖北旅游名镇

湖北旅游名镇是指具有或依托较为丰富的旅游资源，旅游基础设施完善，旅游服务功能齐全，镇内街区及周边环境整洁优美，地域特点和文化特色突出，在区域旅游市场上有比较鲜明的旅游形象，具有旅游集散和辐射作用，旅游经济效益、社会效益和生态环境效益明显的建制乡（镇）。

湖北旅游名镇根据《湖北省旅游名镇创建评定暂行管理办法》《湖北省旅游名镇评定规范》进行评定，按照《湖北省旅游名镇评分细则》评价得分。湖北省旅游名镇评定基准分为 100 分，共分为七个大项，分别是区位条件、交通条件、市场吸引力、旅居环境、服务设施、政策保障与综合管理、经济效益与市场秩序。达到省政府命名为“湖北旅游名镇”荣誉称号的要求为：评审总得分在 85 分以上，且各大项得分值不低于该单项总分值的 60%。

另设五个加分项，总计分为 10 分，加分项及分值为：喜闻乐见的固定的地方民风民俗活动加 2 分；获奖旅游纪念品加 2 分；免费 Wi-Fi 全镇建成区覆盖加 2 分；旅游设施与服务休闲标识牌地方特色突出、有艺术性加 2 分；县级以上的旅游行业先进工作获得者加 2 分。三个扣分项总计分为 10 分，扣分项及分值为：无旅游厕所扣 4 分；近两年出现旅游安全事故扣 4 分；近两年出现重大旅游投诉事件扣 2 分。

5. 安徽旅游小镇

安徽旅游小镇是指在现有的人口集聚地或乡镇基础上（范围不局限于传统的建制乡、镇），以休闲旅游为核心，融合商业、文化、旅游等多产业，以及社区等多功能的旅游创新创业发展平台。安徽旅游小镇既是旅游要素齐全的特色小镇综合体，又是具有徽风皖韵的特色小镇休闲旅游目的地。

安徽旅游小镇的评定包括基本条件、一般条件、附加项目三类。基本条件是旅游小镇的必备条件。按照《安徽省旅游小镇评定细则》进行评分，评分表总分为 900 分，得分达到 800 分即可评定为安徽省旅游小镇。同时安徽省对旅游小镇实行动态管理机制，对不符合旅游小镇条件的将取消其“安徽旅游小镇”称号。

相对于其他地区的旅游小镇，安徽的旅游小镇评定非常严格，其必备条件包括以下五个。①区域内 AAA 级以上旅游景区（或省级风景名胜区、自然保护区、森林公园、湿地公园、水利风景区、历史文化名城/镇/村、特色旅游景观名镇/村、农业旅游示范区等）1 家。②应具有明确的空间边界和连续的地域范围，核心建设面积不低于 1 平方千米，而且旅游资源、旅游交通、基础设施条件较好。③旅游产业增加值占本地 GDP 的比重应达到 12% 以上。④旅游业从业人员占全社会就业人数的比例应达到 20% 以上。⑤三年内无重大旅游安全事故发生、无重大旅游投诉。

一般条件主要包括旅游经济发展及贡献率、旅游产品与规划建设、基础设施和服务体系、景观风貌与特色文化、资源和生态环境保护、社区参与和居民受益、旅游管理与安全保障七个方面。附加项目包括旅游创业创新、旅游项目投资和旅游品牌影响力。

6. 陕西特色旅游名镇

陕西特色旅游名镇指具有或依托丰富的旅游资源，旅游基础设施完善，旅游服务功能齐全，镇内街区及周边环境优美，地域特点和文化特色突出，在区域旅游市场上有比较鲜明的旅游特征，具有旅游集散和辐射作用，旅游经济效益、社会效益和生态环境效益明显的旅游城镇。陕西特色旅游名镇的评定设置了基本要求，有以下任一情况的，不应参与评定：

①两年内发生过建设工程重大安全事故；

②两年内出现过重大环境污染事故、重大疫情；

③两年内出现过重大旅游安全事故；

④国家级历史文化示范镇的历史文化资源发生重大破坏、造成严重后果的；

⑤国家级风景名胜区核心景区内规划撤销的镇。

在满足基本要求后，根据《特色旅游名镇评分细则》，从资源与景观、旅游经济、规划与建设、基础设施、资源保护、人居环境、综合管理、旅游服务八个方面进行评价，总分值为 100 分，另外设置加分项 1 项，分值为 5 分。分值高于 80 分（含 80 分）者通过特色旅游名镇考核。

7. 辽宁生态旅游小镇

辽宁生态旅游小镇是指某个特定地区（通常远离城市繁华地区），占地 5 平方千米以上，以生态旅游资源为核心，提供特色鲜明的生态旅游产品，具有包括游览、休闲、娱乐、住宿、餐饮、购物等完善的配套服务体系，为当地经济做出较为重要贡献的旅游目的地。具体评定按照

《生态旅游小镇评分表》进行，满分为800分，应得最低分数为640分。主要从生态旅游资源、生态环境质量、管理机构及工作、旅游基础设施、旅游服务功能、安全管理、卫生管理、旅游服务水平、社会经济贡献九个方面进行评定。

二、中国最美小镇的评定

（一）制定最美小镇评定规范的重大意义

2019年12月27日，中国旅游协会最美小镇分会正式成立。中国人民对外友好协会副会长宋敬武在成立大会上期望中国旅游协会最美小镇分会要树立中国形象，讲好中国故事，使中国最美小镇成为故事的讲述者，把千年跌宕起伏的历史带给更广泛的听众。中国旅游协会佘小股副秘书长也在成立大会上提出，“分会要努力研究行业，解读行业，力争在制定行业标准方面有所建树”。最美小镇是有着40多年发展历史的国际著名文旅品牌，全球20多个国家以国家名义成立了最美小镇协会，并且都制定了自己的评定标准。我国人口众多，历史文化积淀深厚，小镇的发展有自己的特色。因此，非常有必要制定符合我国国情的最美小镇评定规范。

最美小镇评定规范的制定旨在推动我国历史遗产中各具特色的乡村小镇的保护和发展，通过遗产保护，提升遗产价值，促进小镇经济发展，助力乡村振兴。同时，通过引导小镇提升人居环境质量，完善各种旅游配套设施与服务，提升小镇的旅游价值，建设有历史记忆、文化脉络、地域风貌、民族特点的美丽小镇，实现最美小镇的文化遗产保护、科学开发、合理利用和可持续发展。具体来看，有以下三个方面的重要意义。

1. 助力我国小城镇建设与发展

我国一直非常重视小城镇的发展建设，为贯彻中共中央、国务院关于推进特色小镇、小城镇建设的精神，2016年7月，住房和城乡建设部、国家发展改革委、财政部下发了《关于开展特色小镇培育工作的通知》，全国范围内掀起了特色小镇的建设高潮。但同时也出现了一些发展不规范的现象。因此，2017 年 12 月，国家发展改革委等四部委联合印发了《关于规范推进特色小镇和特色小城镇建设的若干意见》，提出不能把特色小镇当成筐，什么都往里装。在此背景下，开展最美小镇评价体系研究，制定最美小镇评定规范，能规范特色小镇的发展建设，在小镇的遗产保护、人居环境建设、整体风貌打造、建筑形态塑造、基础设施和旅游公共服务设施提升、安全应急管理完善等方面发挥重要的指导作用。

2. 促进我国文化遗产保护与传承

最美小镇分会的运营模式对保护物质与非物质文化遗产有着极其严格的审查标准和管理规定，同时其追求小镇生活的返璞归真以及多样性、独特性的理念，为小镇历史文化保护与传承提供了重要保障。开展最美小镇评价体系研究，制定最美小镇评定规范，将着力对纳入最美小镇体系的古镇、古村落历史文化遗产现状进行梳理，联合相关部门有针对性地指导其加强对历史遗址、文物的保护，指导其保护和传承当地特色生活方式、民俗风情、手工技艺等，使历史文化的活态遗存得到保护与传承。

3. 推动乡村旅游发展与乡村振兴

近年来，我国乡村旅游高速发展，并承担着促进乡村振兴这一国家战略的重要功能。最美小镇作为乡村地区的“增长极”，对整个区域的乡村旅游发展和乡村振兴的实现具有重要作用。研究评价最美小镇，提出旅游发展建议，能提升最美小镇的旅游形象和吸引力，吸引更多游客到乡村地区旅游，对于促进乡村旅游发展和实现乡村振兴能发挥关键性作用。

（二）制定最美小镇评定规范的基本原则

根据中国最美小镇的内涵与特征，以及国际最美小镇的发展经验，中国最美小镇标准的制定需要考虑三方面的原则。

第一，遵循世界最美小镇的发展理念。与《国家特色小镇认定标准》不一样，既然是加入世界最美小镇联合会，就不能完全脱离联合会的相关要求制定标准。目前，世界各国在制定本国的最美小镇标准时都是参照了法国最美小镇协会采用的标准。因此，我们依然要参照这一标准。

第二，需要体现中国特色。每个国家都有自己的民族风情、传统习俗和文化符号，不可能各个国家的最美小镇按照千篇一律的模式进行考核，如果这样，就会和最美小镇倡导的保持小镇的原真性相矛盾。

第三，突出旅游业的发展。法国及其他欧洲国家设立最美小镇的根本目的，是充分利用历史文化遗产改变乡村地区衰败的现象，促进乡村地区经济社会的发展。在利用文化遗产促进经济发展的过程中，最重要的方式就是发展旅游业。每个最美小镇都建立了自己的官方网站，在官网上推出了当地的旅游产品、各种美食、各种层次和样式各异的住宿，以吸引来自国内外的游客。

（三）中国最美小镇评定规范制定的整体思路

（1）对国内外相关评定的文献进行梳理，包括法国、意大利、日本最美小镇质量宪章和评定要求，及中国各类特色小镇评定、旅游小镇评定、中国历史文化名镇（村）评定、全国特色景观旅游名镇（村）评定的相关要求。同时，融合了与最美小镇密切相关的其他评定体系（如中国优秀旅游城市评定、旅游度假区等级评定、旅游景区质量等级的划分与评定等）的评定工作经验，为最美小镇评定工作及其评定标准的制定提供借鉴。

（2）厘清我国与现有其他成员国家在遗产保护和国民经济数据上的异同，寻找符合我国特色的着力点。与现有国际最美小镇联合会成员国（法国、意大利、日本、西班牙、比利时）相比，中国在人口基数、世界遗产数量、城镇化率和国民经济发展数据上均有显著不同。我国是人口大国，相比之下，因为相关世界遗产保护工作开展较晚，中国的世界遗产总数直到 2019 年才与意大利持平（见图 5-1），从人均世界遗产数量来看，我国与各联合会成员国仍有差距，这决定着获得国际认可与保护的文化和自然遗产作为评定指标尚显匮乏。

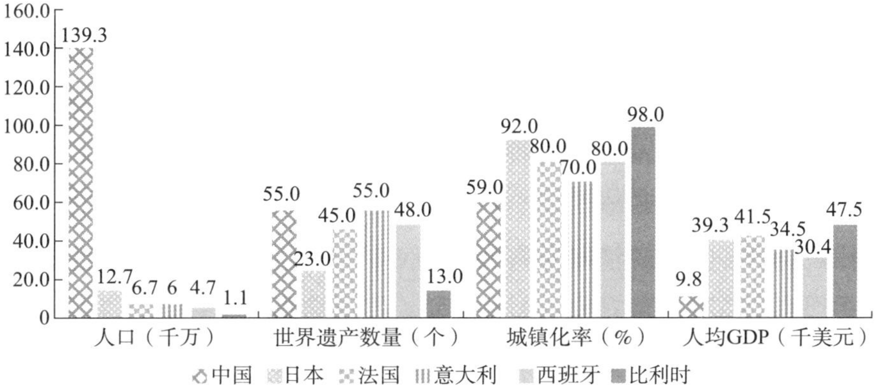

图 5-1　中国和世界最美小镇联合会成员国主要数据对比

资料来源：世界银行。

在经济发展层面，截至 2018 年，我国城镇化率为 59%，与其他各成员国普遍超过 80% 的数据尚有差距，而人均 GDP 亦普遍相差 3~5 倍，体现出我国在国民经济、产业发展、消费结构方面依然有差距和增长空间。

（3）法国最美小镇建设最初是基于村民自治和农村私有产权制度下的自觉保护与发展行为。在农村结构方面，我国特有的土地制度（土地集体所有、家庭承包经营为主的农村基本经营制度）、复杂的土地使用类型（耕地、宅基地等多种土地使用类型）均导致在进行相关保护与开发时所需的土地和建筑产权确权充满难度。我国特有的农村基层群众自治制度也与欧洲国家相关基层情况多有不同。如何发挥最美小镇的保护主体性、自觉性，如何兼顾评定标准中对保护与发展的平衡，需要考虑到我国农村的特殊性。

（4）与我国乡村振兴战略规划相结合。产业兴旺、生态宜居、乡风文明、治理有效、生活富裕，或可为细化“最美小镇”部分指标提供参考。在相关规划中所提到的不同村镇类型的分类发展：集聚提升类村庄、城郊融合类村庄、特色保护类村庄、搬迁撤并类村庄等，也为制定“最美小镇”评定标准提供了部分维度的参考。如“城郊融合类村庄”面临土地使用类型和所有权的变更，相应为村镇的开发和定位变革提供了空间。如“搬迁撤并类村庄”或可以提供一类遗址型村镇，或以整体作为博物馆或遗址保护区的形式参与评定。与此同时，我国农村也面临一二三产业融合发展深度不够、农村人才匮乏、老龄化趋势加剧、基础设施建设仍然滞后、农村环境和生态问题比较突出等困难与挑战。在最美小镇评定标准的制定中可尝试面对相关问题，提出有针对性的细则作为指导解决方案。

（5）我国当前经济发展及文旅消费面临新趋势，最美小镇的评定可促进我国相关消费及产业发展。党的十八大以来，我国经济发展面临新旧动能转换，供给侧结构性改革继续深化。与此同时，人均收入超过一万美元，2013—2018 年，消费已连续 5 年成为拉动中国经济增长第一动力，而居民消费结构也面临加快升级。服务型消费、文化体验消费潜力进一步得到释放。

（6）可以从文旅、文化产业发展和乡村建设等多个前沿角度，寻找标准制定的参考依据。例如，从文旅发展角度来看，村（镇）是最适合贯彻全域旅游理念的场景：在相对集中的地理区域内，可以实现对于历史遗产、风土人情、地方文化和美食以及自然风光的丰富体验。从文化产业发展角度来看，文化产业需要有特色文化的依托。从乡村建设角度来看，依赖本地村民，实现乡村活化，是乡村振兴不可或缺的元素。最美小镇的核心是人，如何激发本地居民的主体性、主动性，通过本地居民实现村镇文化的传承和发展，乃至产业的振兴，都是评定标准需要考虑的。

（7）除了对最美小镇基于保护和发展理念的细则外，也可以通过评定标准，统筹考虑村镇发展中的投融资模式。其中，无论是现有投融资模式（如政策性扶持资金，股权、债权融资，土地融资，众筹融资，共享经济模式等），还是创新性投融资模式（如 PPP、资产证券化等），都可以在细则中统筹考虑，以支持村镇的可持续发展。

（四）中国最美小镇的资格标准

法国和其他国家的最美小镇评定都设置了两条资格性标准，一是遗产数量，二是人口数量。只有同时符合这两条标准，才可以申请成为最美小镇。参考国外经验，我国在最美小镇的评定中也设置两条资格标准。但由于国情不同，资格标准必须符合我国的实际情况。

1. 遗产数量

从世界最美小镇的质量宪章来看，拥有一定数量的遗产是资格标准之一，即要求有由政府或相关机构认证的遗产，历史建筑必须在整个建筑群中占有较高的质量和数量。中国是世界上拥有遗产类别最齐全的国家之一，也是世界文化与自然双重遗产数量最多的国家（与澳大利亚并列，均为 4 项）。截至 2021 年 7 月 5 日，中国世界遗产总数达到 56 处，位居世界第一，其中世界文化遗产 33 项、世界文化景观遗产 5 项、世界文化与自然双重遗产 4 项、世界自然遗产 14 项（位居第一）。同时，我国也是世界上拥有非物质文化遗产数量最多的国家。截至 2020 年底，我国入选联合国教科文组织的非遗名录（含“急需保护名录”和“优秀实践名册”）的项目已达 42 个。

从第二批中国特色小镇相关数据来看，各小镇拥有的非物质文化遗产数量较为可观。104 个小镇有国家级非物质文化遗产传承，158 个小镇有省级非物质文化遗产传承，175 个小镇有市级非物质文化遗产传承，合计 82%（可重叠）的入选特色小镇有一定程度的非物质文化遗产传承。

因此，在遗产这一资格标准方面，可将条款定为“至少拥有一处已列入中国政府官方认可的保护名录的物质文化遗产或非物质文化遗产，保护名录包括：世界级、国家级、省级、市县级”。条款原则性表述会导致范围较宽，不会过于限制以后发展小镇的数量，从具体操作来讲可以对世界级、国家级、省级、市县级不同级别给予一定登记分值评价，文化遗产数量评分靠前的小镇优先发展。

2. 人口数量

在法国和意大利的资格性条件中，都规定居民人口不超过 2000 人，日本是不多于 1 万人。中国是世界上人口最多的国家，对于最美小镇人口数量的界定显然不能参照欧洲的做法。从目前情况来看，中国的特色小镇与全国美丽宜居小镇、中国历史文化名镇、全国特色景观旅游示范名镇等其他类型小镇重合较多，具有综合性。例如，第二批 276 个特色小镇获得的国家级称号达到 331 项，省级称号达到 175 项，平均每个镇国家级称号达到 1.2 项。其中有 160 个镇是国家级重点镇，35 个镇是全国特色景观旅游名镇，35 个镇是中国历史文化名镇，52 个镇是全国美丽宜居小镇，35 个镇是国家新型城镇化试点镇（国家发展改革委评选），14 个镇是财政部与住房和城乡建设部建制镇试点示范。因此，最美小镇的人口数量可以参考我国特色小镇的人口数量。

我国首批 127 个特色小镇镇区常住人口在 500~160153 人（其中有 3 个镇数据不全，未纳入统计），均值是 27413 人，人口数量差异较大。其中，浙江省柳市镇镇区常住人口最多，甘肃省清源镇镇区常住人口最少。从空间上看，东部沿海地区的特色小镇镇区常住人口较多，前三位分别是浙江省柳市镇、广东省古镇镇、浙江省横店镇。第二批 276 个特色小镇的镇域人口平均规模为 5.63 万人，中位数是 4.46 万人，规模最大的是佛山市顺德区乐从镇，镇域人口高达 31.13 万人；规模最小的西藏阿里地区普兰县巴嘎乡，只有 1690 人。镇区平均规模为 2.61 万人，中位数是 1.87 万人，规模最大的是泰州市泰兴市黄桥镇，镇区人口高达 15.69 万人；规模最小的也是西藏阿里地区普兰县巴嘎乡，只有 652 人。

因此，中国最美小镇的人口数的条款可定为“小镇的常住人口在 10 万人以下。若小镇的总人口超过 10 万，候选小镇各要素综合评分进入前 10%以内可由协会评审委员会酌情判定”。

（五）中国最美小镇的质量标准

在质量标准方面，世界各国除了参照法国的标准外，还增加了富有本国特色的相关内容。例如，在日本，在“美”的内涵方面，他们认为，要成为“日本最美小镇”，就必须提供代表所在辖区的、特有的文化和景观体验。日本不仅参照了法国最美小镇协会采用的标准，而且增加了与日本文化特征有关的内容。

在此背景下，中国的最美小镇如何去评价？如何去发展？我们认为整个评价体系最核心的部分应该包括三个方面：第一，要体现古村、古镇、古城的文化遗产及其保护利用；第二，要体现出优美的人居环境；第三，通过旅游发展促进经济发展。

根据上面的思想，我们构建了最美小镇综合评分细则（见表 5-6、表 5-7）。该细则包括基本项和扣分事项，基本项总分 1000 分，扣分事项总分 90 分。基本项包括遗产的品质和保护利用（150 分）、小镇规划建设（130 分）、人居环境（170 分）、旅游设施与服务（180 分）、智慧旅游（90 分）、旅游安全保障（90 分）、综合管理（60 分）、旅游经济发展（60 分）和旅游创新（70 分）九个方面。扣分事项包括旅游安全生产事故（30 分）、旅游投诉或旅游负面舆情（30 分）、资源环境破坏事件（30 分）三个方面。达到“最美小镇”荣誉称号的要求为：评审总得分在 850 分以上，且各大项得分值不低于该单项总分值的 60%。

表 5-6 中国最美小镇综合评分细则——计分总表

序号	项目分类	最高得分	评定得分
1	遗产的品质和保护利用	150	
2	小镇规划建设	130	
3	人居环境	170	
4	旅游设施与服务	180	
5	智慧旅游	90	
6	旅游安全保障	90	

续表

序号	项目分类	最高得分	评定得分
7	综合管理	60	
8	旅游经济发展	60	
9	旅游创新	70	
10	扣分事项		
	总分	1000	

在上述的9个评价项目中，“遗产的品质和保护利用”反映了小镇的文化遗产现状与保护利用水平；“小镇规划建设”和“人居环境”反映了小镇的整体环境；“旅游设施与服务”“智慧旅游”“旅游安全保障”反映了小镇的旅游要素供给水平；“综合管理”反映了小镇的管理水平；“旅游经济发展”和“旅游创新”反映了小镇旅游可持续发展能力。

表 5-7　中国最美小镇综合评分细则

序号	评定项目	最高得分
1	遗产的品质和保护利用	150
1.1	文化遗产的等级与数量	60
1.2	文化遗产保护	50
1.3	文化遗产价值提升	40
2	小镇规划建设	130
2.1	规划发展	80
2.2	建筑特征	50
3	人居环境	170
3.1	小镇风貌	50
3.2	环境要求	70
3.3	卫生要求	50
4	旅游设施与服务	180
4.1	旅游基础设施	30

续表

序号	评定项目	最高得分
4.2	旅游配套设施与服务	60
4.3	旅游交通便捷服务	35
4.4	旅游公共信息服务	20
4.5	旅游厕所	20
4.6	旅游便民惠民举措	15
5	智慧旅游	90
5.1	通信基础设施	10
5.2	智慧化系统建设	20
5.3	组织慢直播和事件直播	10
5.4	智慧导览系统	25
5.5	智慧旅游厕所建设	10
5.6	智慧化停车场建设	10
5.7	闸机与电子票务系统	5
6	旅游安全保障	90
7	综合管理	60
7.1	旅游管理	40
7.2	社会综合治理	20
8	旅游经济发展	60
8.1	应有稳定的客源和旅游收入，旅游经济效益良好	10
8.2	吸纳本地劳动力就业明显	15
8.3	社区居民态度良好，有文明友善的风气，积极参加旅游业发展	10
8.4	宜有养生保健、康体医疗等多种旅游融合业态	10
8.5	旅游融合业态具有可持续性和示范性	15
9	旅游创新	70
9.1	有小镇文化遗产保护和利用政策措施创新	10
9.2	有旅游融合业态创新	15
9.3	有旅游经营模式创新	15
9.4	有旅游富民方式创新	15
9.5	有国际旅游交往创新	15

续表

序号	评定项目	最高得分
10	扣分事项	
10.1	近三年发生旅游安全生产责任事故，处理不及时，造成不良影响	-30
10.2	近三年发生旅游投诉、旅游负面舆情、旅游市场失信等市场秩序问题，处理不及时，造成不良影响	-30
10.3	近三年发生资源环境破坏事件，处理不及时，造成不良影响	-30

（六）评定规范的主要内容

本评定规范由范围、规范性引用文件、术语和定义、评定程序、资格标准、一般标准与扣分事项七部分组成，主要内容具体说明如下。

（1）术语和定义。参考国内外最美小镇的概念，评定规范对最美小镇进行了定义，其核心是文化遗产的保护及价值提升，本质是具有优美的人居环境、景观风貌和完善的旅游基础设施、旅游公共服务配套设施的村、镇、城等地域单元。最美小镇既可以是大都市周边的小城镇，又可以是古村落。

（2）评定程序。评定规范从候选小镇的申请、专家组的考察、评审委员会的认定及证书和标牌颁发四个方面明确了最美小镇的评定程序，并对各个方面的具体内容进行了相应的规定。

（3）资格标准。参考欧洲最美小镇评定标准，结合我国的实际情况，本评定规范设定了三个资格标准，任何一个标准没有达到，将无参选资格。这三个标准包括：小镇人口在10万人以下，若小镇的总人口超过10万人，候选小镇各要素综合评分进入前10%以内可由协会评审委员会酌情判定；拥有已列入中国政府官方认可的保护名录的物质文化遗产或非物质文化遗产；游客综合满意度达到85%以上。

（4）一般标准。最美小镇的一般标准包括遗产的品质和保护利用、小镇规划建设、人居环境、旅游设施与服务、智慧旅游、旅游安全保障、综合管理、旅游经济发展和旅游创新九个方面。

遗产的品质和保护利用主要从文化遗产的等级与数量、文化遗产保护和文化遗产价值提升三方面提出要求。

小镇规划建设从小镇的规划编制、小镇发展规划及小镇发展政策的质量、传统建筑的保护与修复质量、建筑的和谐统一性等方面提出要求。

人居环境涉及小镇风貌、环境要求和卫生要求三个方面。小镇风貌主要对空间布局与周边自然环境的协调性、核心保护区风貌的完整性、建筑风格的传统文化和地域特色等方面提出要求；环境要求主要包括对水、大气、噪声等污染的控制，生活垃圾、污水等的处理、环境绿化布置、环境美化、环境保护制度与措施等；卫生要求包括客房卫生、餐饮场所卫生、文化娱乐场所卫生等的规范性要求。

旅游设施与服务包括旅游基础设施、旅游配套设施与服务、旅游交通便捷服务、旅游公共信息服务、旅游厕所、旅游便民惠民举措六个方面。旅游基础设施对给排水、供电、通信、供热、燃气、垃圾、防灾减灾等基础设施提出了要求；旅游配套设施与服务就住宿、餐饮、购物和休闲娱乐四个方面的场地布局要求、环境卫生标准、经营规范和服务质量进行了规定；旅游交通便捷服务从外部交通的可进入性、内部交通的合理便捷性、交通工具的特色与环保性，以及专用停车场的设置规范等方面提出要求。旅游公共信息服务规范了旅游咨询服务中心的位置、功能、设施和人员，对标识系统的语言文字、标志及公共图形符号设置、标识系统的主题性和特色性提出了要求；旅游厕所从分布、管理等方面进行了规范，提出游客集中区域的旅游厕所全部达到 GB/T 18973—2016 中 A 级旅游厕所的要求；旅游便民惠民举措主要提出对景区的门票实施优惠政策，博物馆、纪念馆等公共旅游资源应相继免费开放。

智慧旅游从通信基础设施、信息化系统建设、组织慢直播和事件直播、智慧导览系统、智慧旅游厕所建设、智慧化停车场建设、闸机与电子票务系统七个方面提出要求。

旅游安全保障要求有完善的旅游安全管理制度和安全应急预案、有安全视频监控体系，危险地带要有安全防护设施，中英文安全警示明显，并对交通、机电、游览、娱乐等设施设备的安全和服务质量进行了规范。

综合管理要求小镇具有健全的管理机构和各项管理制度，有旅游监督管理与综合执法职能，有避免由旅游引发的对居民传统生活方式产生不良影响的游客管理措施，以及畅通的投诉渠道。

旅游经济发展要求小镇有稳定的客源和旅游收入，旅游经济效益良好，吸纳本地劳动力就业明显，有多种旅游融合业态，融合业态具有可持续性和示范性。

旅游创新要求小镇在文化遗产保护和利用政策措施、旅游融合业态、智慧旅游服务、旅游经营模式和旅游富民方式等方面有创新。

（5）扣分事项。标准在旅游安全生产责任事故、旅游投诉或旅游负面舆情和资源环境破坏事件三个方面设置了扣分项。

三、最美小镇评定和国内相关小镇评定的区别

本章的第一部分论述了目前国内各类小镇的评定情况，从最美小镇的评定来看，其与国内其他小镇的评定主要有四个方面的区别。

第一，其他小镇评定的对象主要是建制镇，以行政区域为对象（见表 5-8）。最美小镇是地域单元，既可以是古村、古镇、古城，也可以是一个景点，或是一个环境优美的新建小镇，还可以是一个街区。

第二，最美小镇的评定是以世界最美小镇的总体思路和理念为准则，结合中国的实际情况来设计评定细则。

第三，从目前部分省份公布的特色小镇评定标准来看，其主要是注重产业特色，浙江和湖北均将对产业的考察作为特色小镇考察的重中之重，产业指标的权重均在 40%左右。从整体来看，其对文化的考核均较弱。最美小镇的评价更加注重历史文化遗产及其保护利用、优美的人居环境。

第四，最美小镇的评定体现了近年来我国旅游高质量发展的需求。例如，数字旅游发展、旅游新业态、旅游服务质量等。

表 5-8　国内各类小镇的评定对象

	称号	评定对象
国家层面	中国历史文化名镇（村）	建制镇、集镇、村庄
	全国重点镇	建制镇
	全国特色景观旅游示范名镇（村）	建制镇、集镇、村庄
	全国美丽宜居小镇	建制镇
	中国特色小镇	建制镇
省域层面	北京旅游特色小镇	地域单元
	浙江旅游风情小镇	在行政建制镇（乡、街道）范围内的特定区块
	海南特色旅游风情小镇	建制镇（不包括县城）、农场（农垦社区）、集镇
	湖北旅游名镇	建制乡镇
	安徽旅游小镇	特色小镇休闲旅游目的地，范围不局限于传统的建制乡、镇
	陕西特色旅游名镇	旅游城镇
	辽宁生态旅游小镇	占地为 5 平方千米以上，旅游目的地

第六章

国外最美小镇的评定

一、评定标准

法国最美小镇协会为了遴选出符合要求的最美小镇，专门制定了一套评定标准。世界最美小镇联合会各成员单位的评定标准和遴选流程基本都是参照法国的，但各个国家根据自身情况也做了一些调整。总体来看，评定标准可以分为两部分：第一部分是资格标准，要求小镇必须满足基本的条件才有资格申请；第二部分是对小镇的品质和价值进行评价。

（一）资格标准

几乎所有国家都参照法国设置了两条资格标准：一是对人口数量的规定；二是对遗产的要求。两条标准缺一不可，不满足其中任何一条，将不能申请成为最美小镇。虽然各个国家的资格标准都是围绕这两条进行设置，但在具体数量上各国都根据本国的国情进行了调整。

法国的资格标准为：第一，小镇居民人口不超过 2000 人；第二，在小镇辖区范围内，有至少 2 处受保护的遗址或纪念标志物（要求已在历史遗产名录中注册或列出）。

其他部分国家制定的标准如下。

意大利的资格标准包括：第一，小镇的居民人口不超过 2000 人；第二，拥有由市政府或美术监管机构认证的建筑或自然遗产，历史建筑必须在整个建筑群中占有较高的质量和数量，并形成一个美学上的综合体。

比利时的资格标准包括：第一，在所辖区域内，有一个小村庄，或整个村镇，或其中一部分可以作为传统乡村的代表；第二，在这个代表中，有一处建筑遗产或经过分类鉴别的整体建筑，以及按上述要求可以接受的建筑，或者一个受到其他任何监管法规保护的区域。以上两项标准都是淘汰性的，如果不具备任何一个就要被排除在最美小镇之外。

日本的资格标准包括：第一，小镇居民少于 10000 人；第二，所在辖区有两个或多个本地资源。包括：

风景——日常生活创造的风景（传统街景、里山、里海）；

文化——传统节日、娱乐、地方文化等。

西班牙的资格标准包括：第一，小镇的居民人口少于 15000 人；第二，拥有经认证的建筑或自然遗产。

（二）小镇的质量标准

对于小镇的质量，评定标准主要从小镇的环境质量、城市规划质量、建筑质量、管理水平、接待水平和推广营销等方面进行评价。各国的质量标准也主要是参考法国的质量标准进行制定，但在具体细节方面均有调整。法国最美小镇协会的质量宪章对其评价标准进行了描述，主要包括以下方面。

（1）针对所提供的遗产，其品质和价值要依据以下标准来进行评估。

①城市规划的质量。

◇小镇周围及入口的规划质量。

◇小镇建筑群的规模和密度。

◇小镇建筑群的均匀性。

◇交通网络规模及道路的多样性。

②建筑的质量。

◇建筑容积的和谐性和均匀性。

◇屋顶所用建材的和谐性和均匀性。

◇屋顶颜色的和谐性和均匀性。

◇外围立墙所用建材的和谐性和均匀性。

◇是否存在小型遗产及其丰富程度。

（2）通过对小镇遗产的价值定位、开发、推广和活力再现而采取的具体措施，这种措施是通过以下评估标准来衡量的。

①价值定位。

◇具有城市规划文件并/或具有城市总体规划。

◇城市规划文件或城市规划政策的质量。

◇建筑装修质量。

◇广告和招牌的安置。

◇公共空间的设置。

◇绿植、花卉情况及景观处理。

◇对遗产元素的突出安排。

◇对停车场的组织和管理。

◇对交通流量的组织和管理。

◇电力网络的处置。

◇电话网络的处置。

◇公共照明的美观效果。

②开发。

◇了解日常游客人数。

◇提供住宿和娱乐的设施。

◇具备工匠技艺或展示这种技艺的服务。

◇具备商业贸易。

◇参与社区间的结构建设。

③推广。

◇有公众接待信息站。

◇有提供参观导览的组织。

◇对推广文件的编辑。

◇建立导向路标和信息栏。

④活力再现。

◇有室内的或户外的布置好的庆祝场所。

◇组织原创性的高质量活动。

◇组织长期的或临时展览。

同时，根据质量宪章，法国最美小镇协会制定了 27 条评选标准，具体见表 6-1。

表 6-1　法国最美小镇评选标准细则

类别	序号	指标
小镇遗产	1	被列为受保护的景点和/或文物古迹
	2	在相关遗产保护部门登记注册的景点
	3	完全分类的受保护建筑构件
	4	在相关遗产保护部门登记注册的建筑构件
	5	部分受保护的建筑构件
小镇品质	6	小镇周边环境和入口环境质量
	7	建筑规模与建筑密度
	8	建筑物的同质性或一致性
	9	道路网的规模和路径的多样性
建筑质量	10	建筑物结构体积的和谐性和均匀性
	11	屋顶使用材料的和谐性和均匀性
	12	屋顶使用颜色的和谐性和均匀性
	13	建筑物外墙材料的和谐性和均匀性
	14	外墙颜色的和谐性和均匀性
	15	存在小型遗产并具有多样性
规划发展	16	具有城市规划文件并/或具有城市总体规划
	17	城市规划文件或城市规划政策的质量
	18	建筑修复的质量水平
	19	广告和商家店面牌子的管控与处理
	20	公共场所的管理
	21	植被、花卉和景观处理
	22	对遗产元素的突出安排
	23	停车位的组织与管理
	24	交通的组织与管理
	25	电网的处理
	26	电话网络的处理
	27	公共照明的美化处理

二、最美小镇遴选流程

国外最美小镇的遴选流程都是参照法国的流程和基本要求进行的，法国最美小镇遴选流程共包含四个步骤。

（一）提出申请

候选小镇的档案材料要与入会申请一起提交给法国最美小镇协会总部，并满足以下三个必须具备的标准。

（1）小镇具有明显的乡村特征，小镇首府的集中居住人口在2000人以下。这一数据来自小镇所在地人口普查公布的最近一次普查结果。或在当地总人口超过2000人时，通过提供研究文件来证明候选建筑聚集区的乡村规模。

（2）在小镇辖区范围内，拥有一处在已经确立的保护名册中列出的建筑遗产和（或）自然遗产；或依据镇政府制定的地区法令列出的至少两个受保护地块，在此地块上有一处历史遗迹，或有一处已经登记并分类的自然景观。

（3）证明小镇的入会申请是得到大众支持的，例如，提供经市议会投票通过的相关决议。市议会还可以把它认为会有帮助的任何材料附在申请表后面，同时说明提出申请的原因和所追求的利益。

当最美小镇协会总部办公室收到申请表时，最美小镇协会将通知小镇该申请表是否被接受。

（二）现场评估

候选小镇在满足以上三个强制性的要求后，其入会申请流程就进入了第二阶段，即专家现场评估。评估过程是基于一份包含27项具体内容的表格，衡量小镇历史遗产所涉及的范围和价值、小镇的建筑布局，以及环境质量，同时也要考察市政府在推动城市治理和对外展示方面的可持续性（市政规划工具、游客流量控制、城市美化改进等）。评估日期由小镇镇长和最美小镇协会中负责质量政策的部门协商约定，评估专家需要做以下几个方面的工作。

（1）在现场进行评估。

①与候选小镇的镇长（或其代表）面对面交谈。是否与周围所有人谈话由专家自由选择。

②按照事先与小镇沟通过的文件列表来收集相关资料。

③创立系统性的带图片的现场报告。

（2）通过对现场记录和访问中收集的视觉资料的分析，以及对所有有用的研究文献的分析，进一步完成评估报告。

（3）依据一个标明选择标准的表格，最大限度地从客观角度出发，对每个项目进行评估。

①在小镇辖区的现有条件下，这些受保护的公众的或私人的遗产，是否可以进行价值开发且容易到达遗产的位置，这一项很重要。

②小镇的整体质量要从两个角度来看。

其规划：空间结构的尺度，均匀性和紧凑性，道路的自然状态和多样性，城市化空间与风景环境接近和关联的质量。

其建筑：容积轮廓，均匀性，或者所用材料自然属性的多样化，以及屋顶颜色过渡、外围立墙和外饰工艺的多样性。

③小镇就以下内容而采取的措施的力度和贴切程度。

在一个或多个城市规划管理工具的帮助下，掌控所在辖区的发展进程。

改善美化效果：空中架线的移除，公共空间的规划，现有建筑的重新修饰，绿化及照明的设置。

安装临时性的或永久性的设备来监控日常游客进出流量，或者季节性地实施停车管理方案。

（三）质量委员会的决定

自 1991 年起，按照最美小镇协会章程建立的质量委员会，掌管入会流程的第三个阶段。质量委员会由最美小镇协会的小镇成员选举产生，由符合身份的关键人物和专家担任，最多36名代表。

质量委员会对专家的评估报告进行审议，并对候选小镇的申请做出决定。最美小镇协会将最终的决定及做出决定的理由，以正式的书信方式寄给候选小镇。在任何情况下，最美小镇协会都要明确阐述接纳该小镇成为会员的理由，或拒绝该小镇的理由。

有四种可能的决定：

（1）无保留地准予入会，不排除质量委员会可以就此给出直接相关的意见或建议。

（2）需配合，有保留地准予入会，必须由质量委员会的专家在报告中写明原因。

（3）暂时不予入会，给候选小镇留下重新申请的可能，让候选小镇自己判断，在其最适当的时候，再次提交入会申请。质量委员会认为小镇的整体质量能够得到提升，并在此期限内达到评估的要求。

（4）不予入会并且是最终判定，除非例外，将排除再次成为候选小镇的所有原因和可能（除非有充分理由说明这是一个例外）。

在每次会议之后，被审议的候选小镇的镇长将会收到来自最美小镇协会的：

（1）在48小时内，就所做决定的不附带任何评论的通知；

（2）随后，将会收到由质量委员会的专家就所做决定的背景原因撰写的报告，这一期限对刚开始运行的质量委员会来说，最长为3个月，以后将逐步缩短。

（四）签署质量宪章

在需配合或无保留地准予入会的情况下，被接纳的小镇或其村庄之一，在从质量委员会做出决定的日期算起的一年内，其镇长必须和法国最美小镇质量委员会的主席履行签约手续，而且签约前必须获得小镇镇议会的批准。如果入会申请是由一个包含该小镇的跨小镇组织提出的，而且这个跨小镇组织有能力应对该小镇转达的质量追求，那么在小镇镇长与协会主席签约后，还需要该组织主席或其代表也履行签约手续。

质量宪章会涉及一系列由法国最美小镇协会和小镇做出的承诺。协会认可小镇有权力，同时承担实际的责任来使用具有协会特征标志的商标，并且小镇能享受到来自最美小镇成员网络的引导与服务，这些引导与服务是在提升品质和声誉，以及不断发展的过程中体现的。对小镇自身来说，为避免被从会员名录中移除，它必须依据协会的管理原则，在落实协会的政策方针方面，积极主动地进行参与，这种参与不仅是支付会费，而且要出席协会的工作会议。小镇还要以其头衔中的最高等级作为持久追求，通过持续不断的努力来提升其整体质量（遗产保护、游客接待、小镇发展等）。

最美小镇的遴选实际上非常严格（大约每 5 个申请者中有一个取得成功），只有严格筛选，才能体现出这些经过承诺的小镇的特征优势，从而使小镇和最美小镇协会的信誉得到公众的认可。

某个小镇通过评估获得最美小镇资格并不是结束，相反，当该小镇的名字出现在最美小镇目录中时，它必须签署一份最美小镇宪章，在宪章中，它承诺持续努力以推进小镇的遗产保护和价值提升。最美小镇协会将每 5 年对小镇进行一次再评估，再评估报告可能是一份整改建议，也可能是一个把该小镇从目录中删除的谨慎决定。这种遴选流程和持续不断的质量监控措施，能够确保最美小镇的质量。

第七章

国外最美小镇的运营管理

一、最美小镇的运营

最美小镇协会对小镇的品牌进行运营管理，总体上遵循“遗产保护—提升价值—促进经济发展”这一思路进行。同时，最美小镇联合会各个分会建立了统一格式的网站，制作了最美小镇地图和旅游指南，以统一的形象对外进行宣传推广。

（一）法国

法国最美小镇协会由 3 个委员会和一个运营团队组成，3 个委员会分别是质量委员会、声誉委员会和发展委员会。其中，质量委员会负责对候选小镇的评估，并对已入选的小镇质量进行监督。声誉委员会负责监督小镇成员按照协会相关规定，使用已获授权的特许资源，同时协调内部沟通和组织对外宣传。发展委员会负责帮助小镇制定各自的旅游推广方案，以促进当地的经济发展。运营团队由协会主席直接领导，包括总代表、质量考察员、媒体专员、发展专员和秘书，负责协会的日常工作。

法国最美小镇协会的运营费用主要来自最美小镇协会会员缴纳的会费，缴纳标准是小镇上的每位居民每年 3 欧元。其余部分来自政府公共事业津贴、企业合作伙伴赞助，以及特许商品收入。例如，法国最美小镇协会得到了 Sdei 公司的财政和技术支持；奥弗涅地区委员会自 1995 年起，持续为该地区的法国最美小镇成员提供技术和财政支持。

（二）比利时

在比利时，“最美小镇协会”已经成为“质量”“友好”“社交”

和“分享”的同义词，协会的目标是通过多角度展示小镇风情和自然风光，保护与提升瓦隆的乡村形象。比利时最美小镇协会统领着 30 个获得标识授权的小镇，小镇居民、公共机构与当地协会推动了一系列项目和活动的落实。不论是短期活动，还是长期行动，都是以镇上出类拔萃的乡村遗产为基础的。乡村遗产包含自然风光、小镇布局和建筑、传统习俗、当地风味。

瓦隆最美小镇协会通过品质保证和项目推广使人们了解瓦隆的小镇，协会的战略定位是：以小镇遗产的保护和提升来增加其可见性或曝光率，从而促进经济的发展。具体来看，包括以下四个方面。

第一，通过构建文化动因网络，来保持小镇的原真性。

第二，在保护乡村的建筑遗产与区域特性的基础上，实施可持续发展政策。

第三，通过倡导既有利于居民舒适生活又确保游客满意度的政策来扩大知名度。

第四，确保公众权威机构对小镇特征的认可。

（三）日本

日本最美小镇协会的目标是把资源丰富的小镇塑造成真正的最美小镇，使其成为地区的光荣代表，活跃地展示其独立性。具体来说，即通过保护农业景观和日常劳动环境，以及传统的地区文化，使这些丰富多彩的旅游资源得到增值和保护，从而为经济发展贡献一份力量。

日本最美小镇协会是一个非营利性组织，会员包含小镇镇长、小镇居民和捐助者，他们作为公共组织中的单一个体相互协作。日本最美小镇协会通过其核心理事会发挥影响，理事会由 1 名会长、3 名副会长、16 名理事和 2 名监事组成，他们负责沟通、实施和管理两个委员会：专家委员会和项目委员会。专家委员会负责对候选小镇进行资格鉴定，对会员小镇进行标准复核，同时要不断完善针对“日本最美小镇”标识的专家标准；项目委员会负责各种市场战略的策划、品牌推广和标识管理。

日本最美小镇协会通过具体行动，与各个小镇成员展开合作，一起为保护区域资源和促进经济发展做出贡献。其具体包括以下三个方面。

1. 持续行动，强化品牌

日本最美小镇协会通过支持所在辖区保护遗产的行动，展示协会重视品牌的形象。镇上居民可以自豪地体验在日本最美小镇中的乡村生活，并通过提供各种产品来为其遗产增值补充额外动力。日本最美小镇协会的社会使命是鼓励各个小镇成员的独立与自治。

2. 全方位地推广

日本最美小镇协会通过广泛传播的方式宣传日本最美小镇的辉煌魅力与特征，这是日本“最美小镇”品牌的市场营销策略的一部分。并不是所有小镇都具有同样的认知机会，协会把这些小镇联合起来，能够增强小镇交流能力，同时促进国内与国际的交流，有助于地区经济的发展。

3. 加强交流沟通

日本最美小镇协会鼓励小镇居民提升其所在区域的资源价值，同时促进尽可能多的跨地区的小镇间的交流。2012 年，日本最美小镇协会加入了世界最美小镇联合会，与其他成员国保持良好的关系。

（四）意大利

意大利最美小镇的目标和宗旨如下：

（1）把美作为当地发展的基本要素。

（2）为所有成员创造一个交流和研讨的机会，以保护、加强、促进意大利最美小镇的经济和社会发展。

（3）在国内和国际中宣传意大利各地区的美。

（4）为意大利人和外国人创造一个创意与和谐的“品牌”，为旅游提供新的机会，通过这个机会参加国际活动并促进当地产品销售。

（5）使公共当局意识到需要调和尊重文化和环境遗产与经济发展的需要，促进就业和提高居民的生活质量。

二、最美小镇的管理

最美小镇协会主要通过最美小镇宪章来进行管理。加入最美小镇协会的小镇必须签署一份最美小镇宪章并共同遵守相关规定，具体包括以下六个方面（以法国为例，其他国家主要参照法国的做法）。

1. 协会对小镇的承诺

（1）授予入会小镇（包括其旅游局或旅游事业联合会、节日委员会等）享有使用“法国最美小镇”形象标识的权利和义务，这样入会小镇就具备了网络宣传和竞争上的优势，同时协会的这种授予是不以营利为目的的。

（2）通过对小镇成员的领导，以及为每个小镇成员在其追求改进质量、提升名誉和促进发展的活动中提供服务，使小镇成员获益。

2. 小镇应履行的义务

（1）要成为执行协会政策的一名伙伴，入会小镇需在遵守协会章程和质量宪章条款方面，以及在质量和内部管理方面积极参与，特别要体现出有以下追求。

第一，持续不断地提升自身质量，在消除评估时写入宪章的保留意见方面，能够令人满意。

第二，通过提升入会价值来扩大其遗产的认知程度，同时提高其知名度和受欢迎程度，使客源多样化并控制游客流量，动员经济参与者并形成网络，而且要发挥能动性，保持或成为一个充满活力的地方。

（2）为协会业务做出财政贡献，按年度缴费，额度是固定的每人 3 欧元（封顶是 2000 人，数据来自 INSEE 的最近一次人口普查结果）。

（3）分摊再次评估的花费，这是每 6 年一次的周期性和系统性的安排，每次是固定的 400 欧元，按每人 0. 5 欧元收取（封顶是 2000 人，数据来自 INSEE 的最近一次人口普查结果）。

3. 现场评估经费来源

考虑到相关成本，协会要求每个参加首次评估的候选小镇：

（1）支付评估固定打包价 800 欧元，实际按每人 0.5 欧元收取（封顶是 2000 人，数据来自 INSEE 的最近一次人口普查结果）；

（2）收费通知将附在发给小镇镇长的现场评估确认函中，此函中写明的评估日期是与小镇镇长共同商议选定的；

（3）候选小镇向协会缴纳评估费的付款期限是，自现场评估之日起算的 10 天内；

（4）对于那些候选小镇在首次现场评估后，收到质量委员会做出的暂时不予入会决定的，或收到最终决定被排除在外的，可以按上述收费的 50%支付。

4. 协会标识的使用

（1）所有被确认具备入会资格的候选小镇，将通过加入宪章的方式，获得协会的正式接纳和授权。

a. 在小镇的不同入口，放置带有“法国最美小镇”命名和形象标识的标牌。

b. 只限小镇自己使用，以及镇上的非营利性组织使用（包括旅游协会、旅游局、庆典委员会等）。此命名和形象标识还可以出现在所有宣传资料上：折页图册、海报、传单、信纸抬头、信封、市政公告，以及各种加工制品等，条件是这些资料必须与受益的小镇严格相关。

（2）在没有其他财政支持的条件下，作为对这种授权的交换，小镇须每年向协会支付参会费，且并无其他任何财务方面的交换，为此小镇需要承诺如下。

a. 继续努力，不断完善对辖区内现有历史遗产的保护、价值发掘、开发、推广和活力再现。

b. 积极参与协会领导的活动，这些活动会使法国最美小镇整体受益。

c. 依据每次协会大会确定的金额，每年向协会缴纳会费。

d. 在不同的推广活动中或印刷制品上使用“法国最美小镇”的命名和形象标识，特别是在小镇的各主要入口放置具有相同标识框架的写有“法国最美小镇”的标牌。

e. 把来自辖区内不同服务供应商（旅馆、餐厅、各种旅游服务商、零售商、艺匠、各种制造商和服务提供商）的所有关于标识使用的请求转达给协会，只有提出合格请求的服务供应商才能获得标识使用权。

f. 如果发现有未经授权就使用“法国最美小镇”标识的，或使用伪造标识的，提请协会关注。

5. 标识使用的退出

（1）如果满足以下条件，协会中的每个小镇成员将持续享有“法国最美小镇”标识的使用权。

a. 符合最美小镇入会的资格标准并已宣布获得入会许可。

b. 明确做到每年按时缴纳会费，并且小镇镇长已通过签署现行的协会宪章而书面确认接受其内容。

（2）如果一个小镇不再符合这些标准，或者已违反这些承诺，协会将采取措施撤销其资格直至被除名。

（3）这一撤销资格并将其除名的决定由质量委员会做出，一旦决定，就不得上诉。决定要由协会主席签署，以挂号信形式寄给该小镇，而且需要有小镇镇长的签收回执。伴随着撤销资格和除名，将自动收回“法国最美小镇”的标识使用权，为此，小镇有最多6个月的时间，把最美小镇的名称和标志从所有可能的宣传形式（标牌、折页图册、海报、信纸抬头等）上删除。

（4）所有入会的小镇成员要强制性地执行现行宪章的规定，并且排除以下情况的发生，即不能只是放弃使用“法国最美小镇”的标识，同时也不能按照自己的打算，创造一个可能与协会现有的命名和形象标志发生混淆的另一个命名和形象标志。此承诺同样适用于协会章程的条款7，即在某些可以预见的情况下，小镇将由自己的领导做出退出本协会的决定。

6. 对标识使用的核查

（1）协会针对每个加入并签署宪章的小镇保留核实或在任何时候进行核查的权力，以确认某个小镇是否持续达到了其入会时的质量标准，并遵守了基于现行宪章的承诺。

（2）协会致力于在所有小镇会员中间维护自身的利益，这包括制止所有涉及标识欺诈的行为，以及涉嫌模仿和伪造的企图。

（3）协会授权质量委员会执行以下项目：

a. 对所有申请入会的小镇进行指导。

b. 宣布候选小镇正式入会并授予它们“法国最美小镇”标识的使用权。

c. 利用所有关于核查的条款来检查入会标准的执行情况和形象标识的使用方式。

d. 对不再满足入会标准及违反标识使用承诺的小镇撤销其资格并予以除名。

e. 对每个被撤销资格并予以除名的小镇进行核实或在任何时候进行核查。

三、国外最美小镇经验借鉴

欧洲最美小镇至今已有 40 年的历程，在小镇建设和运营管理方面已经比较成熟，特别是在旅游发展方面积累了丰富经验，在传统文化的活化利用、优美人居环境塑造、休闲活动的设计、旅游公共服务完善、旅游服务质量提升、整体推广营销等方面都值得借鉴。

1. 保留传统文化并活化利用

欧洲的最美小镇拥有丰富的传统文化，这些小镇抵御住了现代化的冲击，保留了自己“旧时的模样”。在这些迷人的小镇中，保存完好的建筑和传统文化可以追溯到几百年前，让你感受到乡村的原真性。经过最美小镇协会和当地居民的共同努力，这些历史遗迹都能通过多种方式向游客展示。例如，在法国的里克威尔（Riquewihr）小镇，自16世纪以来，该小镇的鹅卵石街道和多彩的木制房屋仍然保持原样。始建于14世纪初（公元1306年）的伊瓦尔小镇依然保留建镇时的原始风貌，珍贵的14世纪遗迹依然存在。在阿森-雷小镇，在诞生于11世纪的古老的盐田上，依然有60位制盐工在这片被称为“Ars的骄傲”的盐田上继续劳作。在圣维朗（Saint-Véran）小镇，乡村特色和传统文化一直得到保留，木雕工仍然制作出装饰家具的传统花环，刀匠延续了“Haut Alpin”的专有技术。政府往往会大力支持保护历史遗产，例如，法国最美小镇可以通过申请法国的遗产保护项目（Grand Site de France）来保护这些非凡的遗产。

在保留历史遗存和传统文化的基础上，这些小镇都是充分利用资源打造各种旅游产品，有些设计成观光型旅游产品，有些设计成体验型产品，还有些设计成研学产品，以达到对传统文化的保护利用和促进经济发展的目的。

2. 塑造优美的人居环境

欧洲的许多小镇所在的地区本身就是国家自然公园所在的区域。另外，小镇在发展过程中也非常注重人居环境建设，例如，在法国的鲁西永地区，虽然赭石工业非常发达，但是为了旅游业的发展，鲁西永的山区被列入了国家自然保护区，不再允许发展采矿工业。欧洲的最美小镇将这种人居环境的打造作为最美小镇资格评定的重要方面，在路灯、电线、花卉的美化处理，在房屋建筑外墙的要求等很多细节方面都进行了规定，使欧洲的很多小镇看起来精致而舒适。

3. 提供丰富的休闲活动

欧洲的“小镇”虽小，但各类休闲活动丰富多彩，总能找到游客需要的活动。它们对自然景观、环境优势和历史文化资源进行了非常充分的挖掘，然后精心打造成各类休闲旅游产品，能满足不同群体的需求。

一般小镇都会设置徒步线路（按不同长度、不同难度和不同功能设置各种类型线路）、山地自行车线路、公路自行车线路，游客可以远足或骑行，还有趣味散步（研学旅行）、电动滑板车、游泳、水上活动、水疗、骑马、森林疗法、空中运动（气球）、探险、葡萄酒品尝、观光小火车等项目。

当然，最重要的是他们能将这些产品有机结合起来，营造出舒适的休闲环境。例如，阿尔斯充分利用自然环境的特点打造休闲小镇，游客可以漫步小巷或狂野的海岸小径，沿途聆听小鸟欢乐的歌唱；漫步在港口和海峡码头，欣赏进出的船只；沿着重建的海堤漫步，可以欣赏到壮丽海景。漫步之后，可以在疗养室尽情享受海水疗法。如果游客喜欢骑马，小镇的小径、森林和海滩都是理想场所。游客可以在森林小径骑山地自行车，也可以在沙滩上骑沙滩车。如果游客想要近距离探索大海，可以参加水上摩托艇之旅或乘坐帆船一日游。

除了丰富的户外活动，最美小镇普遍都会举办各类节庆活动，而且一年四季都有相应的节庆活动。例如，各种节日庆典、戏剧表演、音乐会、体育和文化活动、电影放映、老爷车和摩托车集会、游行、烹饪和体育比赛、成人和儿童的文化与创意活动以及展览等，这些活动能集聚人气、增加小镇的活力，也使传统文化得以传承和活化。另外，最美小镇的夜游活动也很丰富，游客可以观看表演、在舞池中起舞、去葡萄酒吧聊天等。

4. 完善的旅游公共服务

最美小镇的配套服务设施非常齐全，酒吧、商业、餐厅、娱乐等应有尽有，特别是住宿类型多样，能满足各类旅游群体的需要。主要的住宿类型包括：酒店、带家具的住宿、度假中心、露营地、房车区、住宅酒店（酒店提供宽敞舒适的公寓，配备小厨房、阳台或露台，带健身室或室内温水游泳池）。

绝大多数小镇也会提供自行车租赁、房屋出租等服务。所有小镇都建有专门的官方网站，餐饮、住宿等都可以在线查找和预定。小镇还设置了旅游信息办公室，能为游客提供导游图（英语和法语），图上标注了旅游点、旅游咨询服务点、住宿餐饮等旅游信息。另外，小镇还制定了旅游行程和游览建议，一些小镇还开设了在线聊天服务，及时解答游客的问题。

5. 注重旅游服务质量的提升

2003 年 9 月，法国政府负责旅游的部长级代表莱昂·贝特朗提出法国旅游质量提升计划，要求法国旅游业及相关服务行业经营者从长远出发，注重旅游服务质量，打造鲜明的特色。“旅游质量品牌”是该计划的重要内容，法国通过发放旅游质量标志促进旅游业有关方面改善和服务质量提升。

6. 将小镇所在的地区作为整体进行推广

欧洲所有的最美小镇都建有自己的独立官方网站，但在网站的宣传推广方面，所有小镇并不是仅仅宣传小镇本身，而是将小镇所在的地区作为一个整体进行宣传推广。例如，法国的圣维朗小镇。其官方网站推广的是小镇所在的 Queyras 地区，无论是总体旅游资源的介绍，还是各种旅游活动、住宿、餐饮等的文字和图片宣传，都是从整个 Queyras 地区来推广，同时还专门列出周边其他可以旅游的地区。在意大利，最美小镇协会对每个最美小镇的官方网站做了统一的规定，每个网站的模板都保持高度一致，还在每个小镇的官网上统一从“探索美食与美酒”“探索运动与自然”“探索历史与文化”三个方面对典型旅游产品进行推介。

我国的旅游小镇基本都是各自为战，虽然几十年来我国一直在倡导区域旅游协调发展，强调相邻地区要加强合作，整体推介，但实际上，由于各自利益的考量和行政壁垒，各地都自成体系，加上这些年来，各地相互模仿，旅游产品雷同，很多还成为竞争对手，更谈不上为其他景点宣传。因此，需要发挥政府管理部门和旅游行业协会的作用，进行规范化管理和引导。法国、意大利等最美小镇的官方网站的统一格式与整体推广就是它们旅游管理部门和最美小镇协会引导的结果。这些方面都值得我们学习借鉴。

第八章

打造中国最美小镇的对策建议

一、让最美小镇成为乡村振兴的重要平台

2021 年 2 月 25 日，习近平总书记在全国脱贫攻坚总结表彰大会上庄严宣告，经过全党全国各族人民共同努力，在迎来中国共产党成立一百周年的重要时刻，我国脱贫攻坚战取得了全面胜利，完成了消除绝对贫困的艰巨任务，创造了又一个彪炳史册的人间奇迹！民族要复兴，乡村必振兴。全面建设社会主义现代化国家，实现中华民族伟大复兴，最艰巨最繁重的任务依然在农村。为此，中共中央、国务院出台了《关于全面推进乡村振兴加快农业农村现代化的意见》，提出要将巩固拓展脱贫攻坚成果同乡村振兴有效衔接，全面推进乡村产业、人才、文化、生态、组织振兴，充分发挥农业产品供给、生态屏障、文化传承等功能，走中国特色社会主义乡村振兴道路，全面启动乡村建设行动，整治提升农村人居环境，加强村庄风貌引导，保护传统村落、传统民居和历史文化名村名镇，加大农村地区文化遗产遗迹保护力度。

最美小镇的核心理念就是通过保护和提升文化遗产的价值，发展乡村旅游，从而促进乡村地区的整体发展。因此，乡村振兴战略的实施为打造中国最美小镇、推动乡村地区发展提供了历史性机遇，最美小镇的打造也必将在乡村旅游发展和乡村振兴战略实施中发挥巨大作用。我国可以从三个方面来打造中国最美小镇，使其成为助力乡村振兴的重要平台。

（一）搭建经济发展的新平台

在我国乡村地区打造一批中国的最美小镇，是实现乡村振兴的一个重要途径。我国可筛选一批符合最美小镇条件的古村、古镇或有历史文化内涵的新建小镇，通过挖掘丰富的乡村文化遗产，融入现代科技，使文物“动”起来、文化“活”起来，打造深度体验型旅游产品；通过文化赋能，使文化 IP 融入村味、村品、村艺、村趣，让游客感受未曾远去的“乡愁”，最终形成“文化资源—旅游产品—经济发展”的模式，从而将最美小镇打造成乡村经济发展的增长极和推动乡村振兴的重要平台。

（二）打造文化传承的新载体

中华民族有着悠久的历史和灿烂的文化，留下了独具特色的文化遗产。国务院先后公布了八批全国重点文物保护单位和四批国家级非物质文化遗产名录，这些文化遗产绝大多数都在农村地区。最美小镇的根本任务就是保护、传承和利用这些乡村文化遗产，推动乡村文化振兴。首先，要把文化和旅游发展纳入村镇建设行动计划，通过编制最美小镇文化遗产保护规划、制定保护政策和措施、设立文化遗产专项经费，并从区域、国家及国际公共机构层面发起所有关于技术和财政方面的协助，使传统文化得到充分挖掘、整理、记录，使各类历史文化遗产（包括古建筑、古树名木、农业遗产等）得到科学、妥善的保护，使非物质文化遗产得到活态传承。其次，积极发展村镇特色文化产业，在有条件的村镇地区建设非物质文化遗产工坊。加大对乡村文化遗产和特色风貌的保护力度，维护乡村文化多样性。最后，通过加入世界最美小镇联合会，加强国际交流与合作，使中华优秀传统文化走向世界，让更多的外国人了解中华文化。最终使最美小镇成为乡村地区文化传承的新载体。

（三）树立美丽宜居的新典范

《关于全面推进乡村振兴加快农业农村现代化的意见》明确提出，要积极有序地推进“多规合一”实用性村庄规划编制，提升乡村地区人居环境质量，促进乡村宜居宜业。“十四五”时期的乡村建设行动为最美小镇带来了机遇。首先，要争取将最美小镇建设纳入各级各类村镇规划，以争取政策的支持。其次，实施最美小镇人居环境整治提升五年行动计划，建设美丽的生态环境和健康的生活环境。再次，加强最美小镇公共基础设施建设，提升基本公共服务水平。最后，在最美小镇打造民宿集聚区，力争每个最美小镇打造至少一家四星级民宿，有条件的打造五星级民宿。

我国可通过以上三个方面的建设，最终将最美小镇打造成健康生活目的地，树立美丽宜居的新典范，让最美小镇成为镶嵌在祖国大地上的一颗颗闪亮的绿色明珠。

二、以最美小镇建设引领我国的小镇建设

《“十三五”旅游业发展规划》明确提出，要推进“旅游+城镇化”，建设一批旅游风情小镇和特色景观名镇。国家的政策扶持，各级政府的大力支持，为建设文旅特色小镇提供了发展契机。因此，近年来，在小镇建设中，文旅特色小镇建设异军突起，影响日增。在已公布的特色小镇中，文化旅游类特色小镇占比达 62. 8%。然而，在文旅小镇发展过程中，脱离实际、贪大求洋、急于求成、盲目发展等各种现象不断出现，给地方经济造成很大损失。在此背景下，打造最美小镇成为小镇建设的历史选择。

最美小镇是创新型小镇。质量、声誉、发展是最美小镇的发展理念，最美小镇通过保护和提升卓越遗产的整体价值，达到促进小镇经济发展的目的。同时，最美小镇集产业、文化、旅游、生态、康养、社区等功能于一体，具有内生的融合创新性。最美小镇是协调型小镇。国家

高度重视特色小城镇建设，将其作为推进新型城镇化、促进城乡协调发展的重要突破口。最美小镇位于乡村地区，是城乡接合的纽带，具有特殊的城乡二元性，能协调城乡的发展。最美小镇是绿色型小镇。其发展的目标是健康生活目的地，小镇注重打造优良的人居环境和生态环境，注重绿色环保材料的使用，倡导绿色交通和节能减排。最美小镇是开放型小镇。中国最美小镇的目标是加入世界最美小镇联合会，打造属于中国的世界最美小镇，积极开展对外交流，将中国的小镇推向世界，让中国的优秀传统文化走向世界。最美小镇是共享型小镇。小镇建设只有居民共同参与，发展成果由人民共享，构建文明、和谐、稳定的社会秩序，才有生命力。最美小镇倡导保持小镇生活的返璞归真，保持小镇居民既传统又淳朴的生活场景，为当地原住民带来更多就业机会，促进居民增收。

总之，最美小镇体现了城乡协调性、开放互动性、环境友好性、共建共享性的特征，与新发展理念高度契合，与优质旅游发展趋势高度契合，与人们美好生活需求高度契合。

三、将最美小镇打造成乡村旅游发展的增长极

一直以来，我国政府非常重视乡村旅游的发展，从 2007 年到 2022 年的中央一号文件可以看出（见表 8-1），几乎每年的中央一号文件都强调了乡村旅游的发展并做了相应的部署和要求。习近平总书记对乡村旅游发展也非常关心，2017 年 10 月 19 日，习近平总书记参加党的十九大贵州省代表团讨论时，听到遵义市播州区枫香镇花茂村党总支书记潘克刚讲乡村农家乐旅游成为乡亲致富新路时指出，“脱贫攻坚，发展乡村旅游是一个重要渠道。要抓住乡村旅游兴起的时机，把资源变资产，实践好‘绿水青山就是金山银山’的理念”“既要鼓励发展乡村农家乐，也要对乡村旅游作分析和预测，提前制定措施，确保乡村旅游可持续发展”。

表 8-1　2007—2022 年中央一号文件关于乡村旅游的论述

年份	文件内容摘要
2007	农业不仅具有食品保障功能，而且具有原料供给、就业增收、生态保护、观光休闲、文化传承等功能。 适应人们日益多样化的物质文化需求，因地制宜地发展特而专、新而奇、精而美的各种物质、非物质产品和产业，特别要重视发展园艺业、特种养殖业和乡村旅游业
2008	要通过非农就业增收，提高乡镇企业、家庭工业和乡村旅游业发展水平
2009	建设现代林业，发展山区林特产品、生态旅游业和碳汇林业
2010	推进乡镇企业结构调整和产业升级，扶持发展农产品加工业，积极发展休闲农业、乡村旅游、森林旅游和农村服务业，拓展农村非农就业空间
2011	—
2012	支持发展木本粮油、林下经济、森林旅游、竹藤等林产业
2013	发展乡村旅游和休闲农业
2014	—
2015	积极开发农业多种功能，挖掘乡村生态休闲、旅游观光、文化教育价值。扶持建设一批具有历史、地域、民族特点的特色景观旅游村镇，打造形式多样、特色鲜明的乡村旅游休闲产品。加大对乡村旅游休闲基础设施建设的投入，增强线上、线下营销能力，提高管理水平和服务质量。研究制定促进乡村旅游休闲发展的用地、财政、金融等扶持政策，落实税收优惠政策。激活农村要素资源，增加农民财产性收入。 提出实施乡村旅游扶贫工程
2016	大力发展休闲农业和乡村旅游。依托农村绿水青山、田园风光、乡土文化等资源，大力发展休闲度假、旅游观光、养生养老、创意农业、农耕体验、乡村手工艺等，使之成为繁荣农村、富裕农民的新兴支柱产业。强化规划引导，采取以奖代补、先建后补、财政贴息、设立产业投资基金等方式扶持休闲农业与乡村旅游业发展，着力改善休闲旅游重点村进村道路、宽带、停车场、厕所、垃圾、污水处理等基础服务设施。积极扶持农民发展休闲旅游业合作社。引导和支持社会资本开发农民参与度高、受益面广的休闲旅游项目。加强乡村生态环境和文化遗存保护，发展具有历史记忆、地域特点、民族风情的特色小镇，建设一村一品、一村一景、一村一韵的魅力村庄和宜游宜养的森林景区。依据各地具体条件，有规划地开发休闲农庄、乡村酒店、特色民宿、自驾露营、户外运动等乡村休闲度假产品。实施休闲农业和乡村旅游提升工程、振兴中国传统手工艺计划。开展农业文化遗产普查与保护。支持有条件的地方通过盘活农村闲置房屋、集体建设用地、“四荒地”、可用林场和水面等资产资源发展休闲农业和乡村旅游。将休闲农业和乡村旅游项目建设用地纳入土地利用总体规划与年度计划合理安排

续表

年份	文件内容摘要
2017	大力发展乡村休闲旅游产业。充分发挥乡村各类物质与非物质资源富集的独特优势，利用“旅游+”“生态+”等模式，推进农业、林业与旅游、教育、文化、康养等产业深度融合。丰富乡村旅游业态和产品，打造各类主题乡村旅游目的地和精品线路，发展富有乡村特色的民宿和养生、养老基地。鼓励农村集体经济组织创办乡村旅游合作社，或与社会资本联办乡村旅游企业。多渠道筹集建设资金，大力改善休闲农业、乡村旅游、森林康养公共服务设施条件，在重点村优先实现宽带全覆盖。完善休闲农业、乡村旅游行业标准，建立健全食品安全、消防安全、环境保护等监管规范。支持传统村落保护，维护少数民族特色村寨整体风貌，有条件的地区实行连片保护和适度开发。 允许通过村庄整治、宅基地整理等方式节约建设用地，采取入股、联营等方式，重点支持乡村休闲旅游养老等产业和农村三产融合发展。 培育宜居宜业特色村镇。围绕有基础、有特色、有潜力的产业，建设一批农业文化旅游“三位一体”、生产生活生态同步改善、一产二产三产深度融合的特色村镇。支持各地加强特色村镇产业支撑、基础设施、公共服务、环境风貌等建设。打造“一村一品”升级版，发展各具特色的专业村。支持有条件的乡村建设以农民合作社为主要载体、让农民充分参与和受益，集循环农业、创意农业、农事体验于一体的田园综合体，通过农业综合开发、农村综合改革转移支付等渠道开展试点示范。深入实施农村产业融合发展试点示范工程，支持建设一批农村产业融合发展示范园
2018	构建农村一二三产业融合发展体系，实施休闲农业和乡村旅游精品工程，建设一批设施完备、功能多样的休闲观光园区、森林人家、康养基地、乡村民宿、特色小镇。对利用闲置农房发展民宿、养老等项目，研究出台特种行业经营等领域便利市场准入、加强事中事后监管的管理办法。发展乡村共享经济、创意农业、特色文化产业。 增加农业生态产品和服务供给。加快发展森林草原旅游、河湖湿地观光、冰雪海上运动、野生动物驯养观赏等产业，积极开发观光农业、游憩休闲、健康养生、生态教育等服务。创建一批特色生态旅游示范村镇和精品线路，打造绿色生态环保的乡村生态旅游产业链。 传承发展提升农村优秀传统文化。立足乡村文明，吸取城市文明及外来文化优秀成果，在保护传承的基础上，创造性转化、创新性发展，不断赋予时代内涵、丰富表现形式。切实保护好优秀农耕文化遗产，推动优秀农耕文化遗产合理适度利用。深入挖掘农耕文化蕴含的优秀思想观念、人文精神、道德规范，充分发挥其在凝聚人心、教化群众、淳化民风中的重要作用。划定乡村建设的历史文化保护线，保护好文物古迹、传统村落、民族村寨、传统建筑、农业遗迹、灌溉工程遗产。支持农村地区优秀戏曲曲艺、少数民族文化、民间文化等传承发展。 深化农村土地制度改革。预留部分规划建设用地指标用于单独选址的农业设施和休闲旅游设施等建设

续表

年份	文件内容摘要
2019	充分发挥乡村资源、生态和文化优势，发展适应城乡居民需要的休闲旅游、餐饮民宿、文化体验、健康养生、养老服务等产业。加强乡村旅游基础设施建设，改善卫生、交通、信息、邮政等公共服务设施
2020	重点在小康社会目标实现和脱贫攻坚，对旅游没有明确提及
2021	加强村庄风貌引导，保护传统村落、传统民居和历史文化名村名镇。加大农村地区文化遗产遗迹保护力度
2022	持续推进农村一二三产业融合发展。鼓励各地拓展农业多种功能、挖掘乡村多元价值，重点发展农产品加工、乡村休闲旅游、农村电商等产业。实施乡村休闲旅游提升计划。支持农民直接经营或参与经营的乡村民宿、农家乐特色村（点）发展。将符合要求的乡村休闲旅游项目纳入科普基地和中小学学农劳动实践基地范围。 加强农耕文化传承保护，推进非物质文化遗产和重要农业文化遗产保护利用

我国的小镇基本位于乡村地区，是乡村地区的核心。将最美小镇打造成乡村地区旅游发展的增长极，能有效带动乡村旅游的发展并助力乡村振兴。

目前，我国乡村旅游的发展主要有六种模式：一是景区带动发展型，主要通过接受景区辐射，为景区提供多样化的配套服务或差异化的旅游产品，形成景区与乡村互为补充的良性发展局面；二是民俗文化依托型，主要以历史建筑、文物古迹等为旅游吸引物，注重文化遗产的保护和合理利用，通过文化元素牵动旅游业的发展；三是乡村民宿带动型，主要以民宿为核心体验产品，围绕旅游元素形成丰富的乡村旅游产品体系，从而培育具有明显地域特色的乡村旅游产品品牌；四是生态资源依托型，主要依托优质的自然生态资源，开展生态体验、生态研学、康养度假等，主要优势为“绿色低碳”和“亲近自然”；五是田园观光休闲型，主要依托优美的田园风光和乡村人居环境，围绕乡土景观与农业生产形成多元化的旅游体验产品；六是旅游扶贫成长型，通过政府主导、资源租赁、企业带动等方式，将发展旅游与精准扶贫深度结合，形成以旅游带动致富的效果。

建设最美小镇可以对乡村旅游的发展形成多种模式的综合带动效

应，有利于形成区域发展的增长极。第一，很多小镇本身就属于旅游景区，不少小镇还是AAAA级或AAAAA级旅游景区，能对周边乡村旅游形成辐射效应，体现了景区带动型功能。第二，最美小镇的核心理念是注重文化遗产地保护和合理利用，通过文化元素牵动旅游业的发展，因此最美小镇建设也体现出民俗文化依托型的功能。第三，最美小镇以打造健康生活目的地为目标，是乡村旅居的目的地，是民宿打造的聚集区，因此具有民宿带动型功能。第四，最美小镇的优势之一是良好的生态环境，具备开发生态体验、生态研学、康养度假等旅游产品的良好条件，因此最美小镇建设也体现出生态资源依托型的功能。

四、加大宣传力度，争取多方面支持

2019年12月，中国旅游协会成立了最美小镇分会，由于受新冠肺炎疫情影响，此后的各项工作均受到限制，导致对外宣传力度不足，知道最美小镇分会的人依然不多。因此，最美小镇分会需要加大宣传力度，争取多方面的支持。第一，最美小镇分会可通过网站、微信公众号和各种论坛等方式加强宣传，并和各种小镇进行沟通合作，让其知道什么是最美小镇，打造最美小镇对于小镇的建设有什么重要意义。只有最美小镇的建设能实实在在给小镇的发展带来收益，小镇才乐意加入中国最美小镇分会，最美小镇的影响力才能不断扩大。第二，最美小镇分会需要取得政府的支持。清华大学金融科技研究院张云教授认为，最美小镇的景观、品质、发展动能、发展条件都要优于一般特色小镇。国家关于特色小镇发展的优惠政策自然要适用于最美小镇的范畴，而最美小镇由于自身所具有的特殊环境和魅力，应当拥有更多的政策扶持和期待。政府首先需要认识到最美小镇建设对于乡村振兴的意义，只有这样才可能给当地最美小镇的建设以政策扶持。近些年来，中央提出全面建成小康社会、乡村振兴等一系列重要战略举措，中央有关部委推出了特色小镇建设。如住房和城乡建设部和文物局公布了一批中国历史文化名镇名村，住房和城乡建设部公布了一批特色小镇和美丽宜居小镇，生态环境部、农业部等部委也公布了一些小镇建设的工作思路和小镇名录。这些由中央政府部门来公布的小镇，影响力大，有财政经费的支持，取得了比较好的成效。最美小镇分会作为一个社会组织，没有政府的权威，缺乏财政经费的支持，初期不容易得到社会的支持。因此，可以借鉴特色小镇的推广方式，首先选择一个省，打造几个最美小镇作为典型，在打造的过程中不断总结经验，发挥典型的示范引领作用，等条件成熟后可在全国推广。第三，最美小镇分会需要取得世界最美小镇联合会的支持，世界最美小镇联合会具有 40 多年的最美小镇建设运营经验，我们可以通过国际交流活动借鉴他们的经验，同时也让国外同行了解中国最美小镇的建设情况。第四，世界最美小镇联合会需要取得企业的支持。从欧洲的最美小镇协会的运营模式来看，企业的赞助是最美小镇协会重要的经费来源，这些经费能使协会有能力为小镇在宣传、开展活动、技术支持等方面提供更多的帮助。第五，世界最美小镇联合会需要发挥群体优势。最美小镇本身就是一个卓越的品牌，将国内的最美小镇整合起来，会形成一笔巨大的无形资产，建立最美小镇的大数据库，可以实现资源共享，在管理经验、客源市场、商业开发、产品服务、整体营销等各个方面实现互惠互利，树立最美小镇的群体优势，提升整体的商业价值。

五、搭建统一合作平台

我国应充分发挥行业优势，运用中国旅游协会的平台搭建最美小镇的合作平台。第一，最美小镇分会可以建立全国范围的最美小镇名录，印制最美小镇宣传册，对每个最美小镇进行介绍，也可以印制专门的全国最美小镇分布图，在全国各大机场、核心景区免费发放。第二，每个最美小镇都建设统一的官方网站，形成统一的品牌形象。在推广营销方面，采取整体营销的方式，每个小镇除了营销本镇的产品外，也可以在官方网站对周边的小镇进行宣传推广，便于形成区域联合优势。第三，将各个小镇的景区、酒店和门票等资源整合形成最美小镇全国（世界）

一票通，这样既给各个小镇带来游客，也能增加收入。第四，通过中国旅游协会最美小镇分会与世界最美小镇联合会进行沟通，搭建中外最美小镇合作的桥梁，让中外最美小镇结成“友好小镇”“姐妹小镇”，吸引国外游客来华旅游，既增加了入境旅游的数量，也能对外传播中华优秀传统文化。

六、推动标准的实施

什么样的小镇能够评定为最美小镇？一个小镇要打造成最美小镇需要从哪些方面着手？这些问题都涉及最美小镇评定标准的制定。“最美小镇”想在国内成为一个著名的文旅品牌，需要有标准对其进行规范。在中国旅游协会的指导下，参考法国和欧洲其他国家最美小镇评定标准以及中国各类小镇的评定规范，中国旅游协会最美小镇分会制定了《最美小镇评定规范》，接下来最美小镇分会的主要任务就是推动标准的实施。首先，需要大力宣传，通过举办各种论坛、研讨活动或者技术培训，让更多的地方政府和各类小镇熟悉评定规范的具体内容。其次，最美小镇分会需要与有条件的小镇进行广泛沟通，并提供各方面支持。目前，最美小镇分会聘请了来自清华大学、北京联合大学旅游学院等院校的建筑、遗产保护、旅游等方面的专家学者，组成了实力雄厚的专业团队，可以在多个领域为最美小镇的发展提供专业支持。再次，在运用标准的过程中，注意搜集发现的问题，便于今后评定规范的进一步修改完善，也便于对标准的实施效果进行评估。最后，需要对会员小镇进行定期的重新评估，以强化最美小镇的质量标准。

七、提升小镇的旅游品质

目前，我国乡村地区的旅游发展面临两大瓶颈：一是一些古村镇过度商业化让很多古镇失去了原有的韵味，导致很多古镇千篇一律、千镇一面，古镇变成了售卖旅游商品的集市；二是乡村旅游环境比较差，旅游公共服务供给不足，导致过夜游客不足，人均旅游消费严重偏低，制约了乡村旅游对地区经济发展的贡献。打造最美小镇的主要任务就是破除乡村旅游中的瓶颈，一方面，秉承“质量、声誉、发展”的理念，保护和利用乡村历史文化遗产，体现历史文化的原真性，强调保持并推广具有传统习俗的生活方式和生活场景；另一方面，要提升小镇的人居环境质量，完善旅游公共服务设施。具体来看，需要从以下五个方面着手。

1. 充分挖掘和利用小镇文化遗产

历史文化遗产是最美小镇评定的资格标准之一，也是最美小镇倚重的灵魂。我国不少小镇没有充分挖掘小镇的文化内涵，对历史文化缺乏较好的保护利用。有的地方搞“大干快上”和“大拆大建”，丢掉了原有历史遗存和文化特色。有些地方为了短期利益盲目模仿其他地方的产品，没有自身的文化内涵，缺乏对游客的持续吸引力，导致短期的热闹后小镇变成空城。还有一些地方为博眼球，大建山寨文物，误导公众的历史文化认知，造成不良文化影响。综合国内外的成功案例来看，最美小镇需要立足中国特色，立足地方特色，系统梳理本区域的历史文化遗产资源，深入挖掘历史文化价值，揭示历史文化遗产所蕴含的人文精神、价值理念，加强时代化表达、数字化呈现，推动中华优秀传统文化与世界的交流。具体来看，需要制定小镇的文化遗产保护规划，制定小镇文化遗产保护政策、措施，设立文化遗产保护的专项经费。传统文化得到充分挖掘、整理、记录，各类历史文化遗产（包括古建筑、古树名木、农业遗产等）得到科学、妥善的保护，非物质文化遗产得到活态传承，本地优秀的传统文化能够形成旅游产品，为游客提供展示和体验服务，真正使文化遗产的价值得到提升。要侧重于保护原有的历史文化风貌和原住民的切身利益。对于产业项目的开发或扶持，侧重于发掘和延伸，要和当地的自然历史文化禀赋高度契合。

2. 大力提升小镇人居环境质量

一直以来，人居环境质量是我国小镇面临的重大问题。近年来，随着“厕所革命”的推进和乡村振兴战略的实施，一些村镇的面貌有了很大改观，但是，如果要打造中国甚至是世界的最美小镇，在人居环境质量方面还需要进一步提升。具体来看，在生态环境方面，森林、湿地和生态脆弱区等特殊生态系统得到有效保护，没有破坏自然景观和人文景观、违章建设、乱砍树木、捕猎珍稀动物等行为发生。河、湖、渠已全面整治改造，水体环境质量达到相应标准，水体沿岸绿化良好、具有特色，已形成绿化景观。水、大气、噪声等污染得到有效控制并达到规定标准。其中，空气质量达到 GB 3095-1996 的一级标准，噪声质量达到 GB 3096-1993 的一类标准，地面水环境质量达到 GB 3838 的规定，污水排放达到 GB 8978 的规定。镇内无污染源企业，生活垃圾无害化处理率超过 85%，污水集中处理率达到 80%以上，镇内饮用水水质达标率超过 95%。有生态环境保护制度和保护措施，有污水和垃圾回收处理设施与措施。尽量使用低排放和利用清洁能源的交通工具，或使用具有地方特色的传统交通工具。整体上环境优美，干净整洁，无乱搭、乱建现象。在卫生方面，需要对垃圾进行分类收集，集中进行无害化处理。垃圾清扫及时，日产日清。客房卫生条件符合 GB 9663 要求，餐饮场所卫生条件符合 GB 16153 要求，文化娱乐场所卫生条件符合 GB 9664 要求。有严格的卫生消毒设施与消毒制度，按照 GB 19085 的相关规定预防传染性疾病的产生并控制其传播。另外，小镇的整体风貌也要和谐并与周边自然环境相协调，建筑风格彰显传统文化和地域特色。

3. 进一步完善旅游设施

我国的很多小镇位于乡村地区，特别是西部地区的很多小镇比较偏远，交通不便，基础设施和公共服务设施较差。因此，需要大力完善基础设施和旅游公共服务设施。

在交通设施方面，国家推出的村村通公路工程为农村地区特别是山区农村人民的出行提供了巨大的便利，彻底改变了之前靠脚走路而且动辄走一天的状况。由于我国幅员辽阔，一些村镇太偏远，加上公路等级不高，因此外部大交通依然是旅游发展的重要制约因素。大交通的改善对于镇一级政府来说超出了其能力范围，需要依托上级政府的支持。对于小镇的内部交通，需要小镇本地的经营管理者精心布置，为游客提供便利的交通环境。首先，需要提供类型多样、换乘便捷的内部交通方式，配有专用停车场，停车场布局合理并与景观环境相协调，容量满足需求。考虑到新能源汽车的普及，主要景点停车场应设电动汽车充电桩。观光车、游船、共享交通工具等宜使用绿色清洁能源。其次，需要有适合游客和当地居民休闲需求的慢行系统或绿道体系。步道设计与景观相协调，沿线合理设置观景平台、休憩设施、景观小品、环卫设施等公共服务设施。另外，要有完善规范的交通引导标识系统，并符合 GB/T 31384-2015 的要求。

在旅游配套服务设施方面，住宿设施要能满足不同类型游客的住宿需求，整洁卫生、明码标价、服务精细。餐饮场所能提供多样化、有地方特色或民族特色的餐饮服务，餐饮环境整洁、卫生，管理规范，服务热情周到。购物场所环境整洁、秩序良好、货真价实、明码标价、服务规范，有能充分体现当地物产和文化的农副土特产品、民间工艺品、旅游纪念品和文创商品等。

厕所是旅游必不可少的基本设施，也是文明的重要窗口。原国家旅游局为了解决旅游景区厕所“脏乱差”的现象，发起了“旅游厕所革命”，起到了非常好的效果。但这种强制性措施主要还是针对 A 级景区，目前来看，高 A 级景区做得非常好，几乎都达到了要求，但低 A 级景区，特别是非 A 级景区还存在很多问题。作为最美小镇，需要按照高 A 级景区对厕所的要求来进行建设和管理，建议每个最美小镇至少有一个 AAA 级旅游厕所。

另外，要将智慧旅游融入最美小镇的建设中，实现小镇免费 Wi-Fi、通信信号全覆盖。建设智慧化厕所、智慧化停车场。建立完善的智慧化管理系统、智慧化服务系统和智慧化营销系统。

4. 增加休闲活动产品

随着我国经济发展水平的提高，休闲旅游在整个旅游中的比重逐步提升，因此在旅游产品的供给中需要增加休闲旅游产品，最美小镇更应如此。我国的很多古镇并没有开发多少休闲产品，游客基本的旅游活动就是逛古城（镇）、买纪念品。尤其是户外活动产品，严重不足，导致游客在小镇的停留时间过短，使旅游消费水平难以提升。今后需要从两方面着手解决上述问题，第一，将高科技手段融入历史文化遗产的产品开发中，让历史文化遗产“活”起来，摆脱一直以来文化遗产“有说头，没看头”的现象，增强游客的参与体验性；第二，在小镇周边开展各种户外活动，如自行车骑行、徒步、慢跑、露营等，营造休闲度假环境和丰富休闲度假产品。

5. 以优质服务为目标，提升公共服务水平

目前，旅游服务质量仍是我国旅游业高质量发展的制约因素。据调查，当前以村镇为目的地的游客中，60%以上的差评缘于与当地经营者的冲突或服务质量不佳。2021 年 5 月 21 日，文化和旅游部印发了《关于加强旅游服务质量监管　提升旅游服务质量的指导意见》，指出旅游服务质量是旅游业作为现代服务业的内在属性，是企业的核心竞争力，是衡量行业发展水平的重要指标。提升旅游服务质量是推进旅游业供给侧结构性改革的主要载体，是旅游业现代治理体系和治理能力建设的重要内容，是促进旅游消费升级、满足人民群众多层次旅游消费需求的有效举措，是推动旅游业高质量发展的重要抓手。可见，国家对于旅游服务质量高度重视。

最美小镇是一个休闲度假目的地，是一个健康生活的目的地，大多数游客不是短暂停留的观光客，而是休闲度假的游客，因此，旅游服务就显得尤其重要。最美小镇应该树牢以人民为中心的发展理念，把人民群众满意作为促进旅游服务质量提升的出发点和落脚点，让游客游得放心、游得舒心、游得开心，不断实现人民对美好生活的向往。

最美小镇可以建立旅游服务“首席质量官”“标杆服务员”制度，支持和引导旅游企业公开旅游服务质量信息，发布旅游服务质量承诺，加快建立优质旅游服务承诺标识和管理制度，接受社会监督。支持大数

据、云计算、区块链、人工智能等在旅游服务中的应用。针对老年人等特殊群体，有效提升旅游服务便利性。加强质量文化宣传引导，提升质量兴旅、质量强旅意识。加强对旅游人才的旅游服务质量培训，提升乡村旅游、人才旅游服务质量、意识和专业化水平。重视居民文明素质的整体提升，营造宾至如归的旅游人文环境。

“十四五”时期是乘势而上开启全面建设社会主义现代化国家新征程、向第二个百年奋斗目标进军的第一个五年。新的历史时期赋予了最美小镇新的历史使命，中国的最美小镇必将在乡村振兴的浪潮中积极作为、大有可为！

第九章

最美小镇案例分析

一、中国最美小镇

由于中国最美小镇分会2019年才成立，目前中国最美小镇分会只发展了100多名会员。本书从中选取了11个小镇分析其旅游业发展的基本情况。

1. 周庄古镇

周庄古镇位于苏州城东南方向，地处昆山、吴江、上海三地交界处，古镇四面环水，因河成镇，依水成街，以街为市。周庄古镇主要景点有富安桥、双桥、沈厅等。井字形河道上完好保存着14座建于元、明、清时代的古石桥。800多户原住民枕河而居，60%以上的民居依旧保存着明清时期的建筑风貌。周庄古镇是世界文化遗产预选地、首批国家AAAAA级旅游景区、全国特色景观旅游名镇、全国低碳旅游实验区、江苏省智慧旅游示范基地。周庄古镇保护委员会办公室负责古镇保护事项，并按照国家、省、市有关法规以及《周庄古镇保护暂行办法》《周庄古镇保护详细规划》，对古镇保护工作实施管理、监督和指导。

2. 大理古城

大理古城位于云南省西部，又名“叶榆城”“紫城”。大理古城始建于明洪武十五年（1382年），占地面积3平方千米。大理古城常住人口约2万人，其中少数民族有17个，汉族人口占50%，白族人口占30%，其他16个少数民族人口占总人口数的20%。大理是中国首批公布的24个历史文化名城之一、首批国家级重点风景名胜区。太和城遗址（包括南诏德化碑）、崇圣寺三塔被国务院公布为全国第一批重点文物保护单位。大理白族扎染、剑川木雕、下关沱茶制作技艺被列入国家级非物质文化遗产保护名录。2019 年 9 月，大理古城被云南省人民政府命名为“云南省特色小镇”。

大理古城在唐、宋时期是云南的政治、经济和文化中心，大理古城内文物古迹众多，城池格局基本保存完好，重要遗址可辨，景区以人文景观为主，大理古城内有蒋公祠、杜文秀府、大理天主教堂、大理文庙、双鹤桥、城隍庙、大理古城城楼、武庙等景点。古城西北 1 千米处，是被国务院列为全国第一批重点文物保护单位的大理三塔，与古城西南角的弘圣寺一塔遥遥相对。另外，云南省首批重点保护的文物“世祖皇帝平云南碑”，就耸立在三月街街场上。

大理古城东西宽约 1000 米，南北长约 2000 米，南北纵向有三条大街，东西向有五六条小巷。城内房屋皆为土木结构瓦顶民居，街道大多由青石板铺设而成。大多数街道有引自苍山的清泉水流淌。大理古城建有四座城门楼以及四座角楼。四道城门即东门洱海门（又称“通海门”）、南门双鹤门（又称“承恩门”）、西门苍山门、北门三塔门（又称“安远门”）。城外有护城河，城内保持着典型的棋盘式方格网结构，南北城门对称，城内街道纵横交错，有“九街十八巷”之称。城内建筑风格统一、尺度合宜、市容古朴，街街流水，户户养花。街巷中的一些老宅，花木扶疏，有“三家一眼井，一户几盆花”的景象。城内依然保存着大量明、清以及民国时期的建筑，寺庙、书院、教堂等古建筑点缀其间。南北对峙的两座城楼被修复一新。城内由南到北，一条大街横贯其中，深街幽巷，由西到东纵横交错，全城清一色的青瓦屋面，鹅卵石堆砌的墙壁，显示着大理的古朴、别致、优雅。

3. 千户苗寨

西江千户苗寨风景区坐落于贵州省黔东南苗族侗族自治州雷山县东北部的雷公山山麓，是中国最大、世界无双的天下第一大苗寨。这里苗族农耕、节日、银饰、服饰、饮食、歌舞等民风民俗世代相传，是领略中国苗族漫长历史与发展的首选之地，被中外学家和民俗学者誉为保存苗族“原始生态”文化比较完整的地方，有“中国苗都”的美誉。1992年千户苗寨被列为省级文物保护单位，2004年被列为全省首期村镇保护和建设项目5个重点民族村镇之一，2005年被列入首批国家级非物质文化遗产名录。

西江千户苗寨现有住户1432户，共5515人，是苗族第五次大迁徙的主要集结地，被誉为“苗族的大本营”。西江千户苗寨由10余个依山而建的自然村寨相连，四面环山，重峦叠嶂，梯田依山顺势直连云天，白水河穿寨而过，将西江苗寨一分为二。受耕地资源的限制，生活在这里的苗族居民充分利用地形特点，在半山建造独具特色的木结构吊脚楼，千余座吊脚楼随着地形的起伏变化，层峦叠嶂，鳞次栉比，蔚为壮观。西江每年的苗年节、吃新节，十三年一次的牯藏节等均名扬四海，西江千户苗寨是一座露天博物馆，展现着一部苗族发展史诗，成为观赏和研究苗族传统文化的大看台。

西江千户苗寨的苗族建筑以木质的吊脚楼为主，为穿斗式歇山顶结构，分平地吊脚楼和斜坡吊脚楼两大类，一般为三层的四榀三间或五榀四间结构。底层用于存放生产工具、关养家禽与牲畜、储存肥料或用作厕所。第二层用作客厅、堂屋、卧室和厨房，堂屋外侧建有独特的“美人靠”，苗语称“阶息”，主要用于乘凉、刺绣和休息，是苗族建筑的一大特色。第三层主要用于存放谷物、饲料等生产、生活物资。西江苗族吊脚楼源于上古居民的南方干栏式建筑，运用长方形、三角形、菱形等多重结构的组合，构成三维空间的网络体系，与周围的青山绿水和田园风光融为一体，和谐统一，相得益彰，是中华上古居民建筑的活化石。西江苗族吊脚楼反映出苗族居民珍惜土地、节约用地的民族心理，在我国当前人多地少的形势下具有积极的教育意义。上梁的祝词和立房歌，具有浓厚的苗族宗教文化色彩，是苗族传统文化重要的承载者。

西江千户苗寨每天上午和下午各有一场由当地苗族同胞表演的民族

歌舞节目，华丽的服饰、欢快的歌舞和美丽的爱情故事能使游客更加了解苗族的人文风情。苗族古歌演唱者全是寨中的老人，其用苗族古语演唱史诗般恢宏的古歌。有特别活动时还能看到掌坳的铜鼓舞、方祥的高排芦笙、反排的木鼓舞等。

4. 沙溪古镇

沙溪古镇位于中国云南省大理市剑川县东南部，地处金沙江、澜沧江、怒江三江并流自然保护区东南部，位于大理风景名胜区与丽江古城之间。沙溪古镇气候比较温和，享有“鱼米之乡”“剑川粮仓”的美誉。境内有得天独厚的自然资源、丰富的民俗文化和人文景观。沙溪古镇是国家AAAA级旅游区，是集世界濒危建筑遗产、国家级重点文物保护单位、国家级历史文化名城和云南省旅游名镇四项桂冠于一身的旅游名镇。沙溪古镇历史文化沉淀深厚、民俗风情浓郁、古建筑群保存良好、田园风光秀美。沙溪寺登街区域被列入世界纪念建筑遗产名录，2002年被列入全世界“值得关注的濒危遗址”之一，并被联合国誉为“茶马古道上唯一幸存的古集市”。2010年，沙溪古镇入选108个中国村庄名片之一，寺登街被命名为10个中国乡村文化遗产地标村庄名录之一。沙溪古镇的兴教寺是第六批全国重点文物保护单位，石宝山歌会、剑川木雕是国家级非物质文化遗产，布扎、石龙霸王鞭、沙溪传统文化是省级非物质文化遗产。

沙溪古镇最核心的区域是四方街，是一个集古寺庙、古商铺、古巷道、古树、古寨门于一身的功能俱全的古集市。昔日的沙溪，是茶马古道上的一个重要驿站。沙溪古镇是茶马古道上唯一保存下来的集镇，虽不宏大，却质朴原始，静谧清幽。沙溪古镇里90%以上的本地人是白族，随着旅游业的发展，很多人来古镇开民宿、开餐厅。

5. 皇城相府

皇城相府，又称“午亭山村”，位于山西省晋城市阳城县北留镇，总面积3.6万平方米，原名“中道庄”，后因康熙皇帝两次下榻于此，故名“皇城”。皇城相府是建于明清时期的官宦宅居建筑群，内城为陈廷敬伯父陈昌言在明崇祯六年（1633 年）为避战乱而建。外城完工于康熙四十二年（1703 年）。皇城相府在明孝宗到清乾隆（1501—1760 年）间的 260 年中，共出现了 41 位贡生、19 位举人，有 9 人中进士、6 人入翰林院。

皇城相府原是清文渊阁大学士兼吏部尚书加三级、《康熙字典》总阅官、康熙皇帝 35 年经筵讲师陈廷敬的故居，其由内城、外城、紫芸阡等部分组成，御书楼金碧辉煌，中道庄巍峨壮观，斗筑居府院连绵，河山楼雄伟险峻，藏兵洞层叠奇妙，是一处罕见的明清两代城堡式官宦住宅建筑群，被专家誉为“中国北方第一文化巨族之宅”。2002 年至今，皇城相府连续被评为“山西省十佳文明景区”“山西省文明和谐风景区”，2007 年被评为国家 AAAAA 级旅游景区。

6. 平遥古城

平遥古城位于山西省中部，古城占地面积 2. 25 平方千米，居民 4. 2 万余人。平遥古城始建于西周宣王时期，明代洪武三年扩建，距今已有 2800 多年。平遥古城较为完好地保留着明清时期县城的基本风貌，堪称中国汉民族地区现存最为完整的古城，也是中国唯一以整座古城申报世界文化遗产获得成功的古代县城。

平遥古城旅游资源丰富，古城墙巍峨雄伟。“平遥县署”是全国现存规模最大的古县衙，票号“日昇昌”是现代银行的雏形，国学圣地“文庙大成殿”是全国现存文庙中最早的大成殿，东方彩塑艺术宝库“双林寺”是中国彩塑艺术的巅峰之作，千年瑰宝“镇国寺”是中国古代建筑艺术的杰出典范。古城内民居、客栈、票号、镖局、钱庄、庙宇……东西对称分布，完整地呈现了汉民族崇文尚武、文化多元的建筑特点。

1986 年，平遥古城被国务院批准为国家历史文化名城。1997 年 12 月 3 日，平遥古城连同周边双林寺、镇国寺一同被列入世界文化遗产。2015 年，平遥古城被评为国家 AAAAA 级旅游景区。联合国教科文组织这样评价平遥古城：平遥古城是中国境内保存最为完整的一座古代县城，是中国汉民族城市在明清时期的杰出范例，在中国历史的发展中，为人们展示了一幅非同寻常的文化、社会、经济及宗教发展的完整画卷。

7. 芙蓉镇

芙蓉镇地处武陵山区，位于永顺县南端 37 千米处，东与小溪镇相邻，西与泽家镇相接，北与灵溪镇、高坪乡、松柏镇搭界，南与古丈县古阳镇、红石林镇隔河相望。芙蓉镇总面积 249.7 平方千米，辖 17 个村和 5 个社区，总人口 32800 人，其中以土家族为主的少数民族人口占总人口的 80%以上。1986 年，著名导演谢晋独具慧眼，在这里拍摄了电影《芙蓉镇》，随着电影《芙蓉镇》的播出，小镇也一举成名，享誉国内外。

芙蓉镇是一个具有 2000 多年历史的古镇，因有一条瀑布穿镇而过，又称“挂在瀑布上的千年古镇”。芙蓉镇濒临酉水，上连川鄂，下通津京，自古是商贾重镇，非常繁华，历代土司王在这里修建行宫，举行重大活动，会见各路土司，久而久之这里便成了人们心目中的“王者之村”。芙蓉镇与龙山里耶镇、泸溪浦市镇、花垣茶峒镇在历史上并称“湘西四大名镇”，是国家认定的历史文化古镇之一。景区内的核心景观有溪州土司广场、溪州铜柱园、土王桥、土王行宫、芙蓉镇瀑布等。芙蓉镇先后被评为湖南省文明乡镇、湖南省首批“美丽乡镇”、“国家历史文化名镇”、“国家 AAAA 级景区”、“中国十佳旅游休闲古镇”和“中国十大魅力乡镇”。

8. 黄姚古镇

黄姚古镇位于广西壮族自治区贺州市昭平县东北部，距离贺州市区 40 千米，距桂林市 200 千米。2007 年，黄姚古镇被国家文物局列入第三批“中国历史文化名镇”。2009 年，黄姚古镇被原国家旅游局批准为 AAAA 级旅游景区。

黄姚古镇发祥于宋朝，有着近 1000 年的历史。黄姚古镇的自然景观有八大景、24 小景，保存有寺观庙祠 20 多座，亭台楼阁 10 多处，多为明清建筑。黄姚古镇的房屋多数保持明清风格，街道均用青石板砌成，人文景观丰富。黄姚古镇内的建筑按九宫八卦阵势布局，属岭南风格建筑，与周围环境形成一体，被称为“人与自然完美结合的艺术殿堂”，是一个天然的山水园林古镇。

黄姚古镇地处漓江下游，素有“小桂林”之称。该镇属典型的喀斯特地貌，境内奇峰林立，古木参天，溶洞幽深，清溪环绕。黄姚古镇有“六多”：山水岩洞多、亭台楼阁多、寺观庙祠多、祠堂多、古树多、楹联匾额多。黄姚古镇内有山必有水，有水必有桥，有桥必有亭，有亭必有联，有联必有匾，构成了古镇独特的风景。黄姚古镇 8 条主街道全部用黑色石板镶嵌而成，虽历经沧桑，但至今仍无丝毫松动，街道平滑如镜。

黄姚古镇的明清古建筑保存有 300 多幢，面积达 1.6 万平方米，完整保存的 8 条石板街，全部用青石板砌成，全长约 10 千米。黄姚古镇还有特色桥梁 11 座、楹联匾额上百副。黄姚古镇建筑具有很高的艺术审美价值，其设计建造匠心独运，从建筑学来讲也是一笔宝贵的遗产。

黄姚古镇的主要景点包括黄姚古戏台、宝珠观、文明阁、天然亭、兴宁庙、吴家祠、郭家宅、佐龙祠等。人文景观有韩愈、刘宗元墨迹，中国共产党广西艺术馆旧址，何香凝、张锡昌、千家驹等文化名人故居寓所，被收入中华名匾的“咀坐契茶”匾额及许多贤哲留下的楹联、碑刻等。黄姚古镇内自然景观和人文景观交相辉映，小桥流水人家的环境吸引了大批国内外游客。

9. 青岩古镇

青岩古镇是贵州省四大古镇之一，是贵阳市首个国家 AAAAA 级旅游景区。青岩古镇历史悠久、四大宗教并存、多元民俗荟萃，青岩古镇因其充满魅力的历史和人文气息，先后获得过“中国历史文化名镇”

“中国最具魅力小镇”“中华诗词之乡”等美誉，并于2020年加入了中国旅游协会最美小镇分会，成为首批会员。

青岩古镇始建于明洪武十一年，距今已有600余年。青岩因明朝屯兵而建镇，因商贾云集而立城，是一座因军事城防演化而来的山地兵城，具有浓郁的传统文化、军事文化、革命文化特色。青岩古镇除了数不胜数的地道美食、依山傍岭的独特风景外，还有一段红色历史藏在那青瓦古墙之间。

青岩古镇以北，有一座险峰名为“狮子山”，易守难攻。1935年4月，中央红军三军团先头团由孟关进入青岩镇扬眉、摆托、歪脚，驻青岩城内及歪脚高寨河一带，在紧靠狮子山的歪脚村高寨河边的刘家碾坊里设立战斗指挥所，在此指挥狮子山战役。在这里，开国大将黄克诚、开国中将文年生等带领红军战士英勇作战，数次击退敌军。这次战斗为中央红军继续长征取得胜利奠定了基础。在狮子山阻击战打响的同时，中央军委毛泽东、周恩来、朱德等领导人率红军1万多人顺利进入青岩休整，并开展了一系列宣传和动员活动，在青岩播下了革命的种子。

10. 鲁朗小镇

鲁朗小镇位于林芝市巴宜区东部，距市区所在地巴宜区70千米，属典型的高原山地草甸狭长地形。鲁朗全镇共有农牧民600户1354人，其中劳动力695人。

鲁朗在藏语中意为“龙王谷”“神仙居住的地方”，川藏公路横穿全境，属高原温带半湿润季风气候，年日照时间2016小时，无霜期156天，年气温在10摄氏度以上183天，年平均气温12摄氏度，全镇总面积2516.9平方千米，森林覆盖面积达80%以上。鲁朗小镇林下资源丰富，畜牧业较为发达。鲁朗小镇景区处在茫茫的原始森林中，生态环境保护完好，生物品种多样独特，植物种类多达1046种，有种类繁多的花卉、药材和菌类。同时，鲁朗小镇还拥有巨柏、金荞麦等数量巨大的国家级重点保护植物。鲁朗小镇辖区内主要景观有色季拉国家级森林公园、杜鹃花海、田园风光和民俗风情浓厚的扎西岗村。鲁朗小镇拥有淳朴的民族风情、优美的自然景观，素有“天然氧吧”“生物基因库”之美誉，冰川、高山、峡谷、草甸、森林、河流、湖泊等各种景观并存，令无数游客流连忘返，被赞誉为“不想家的地方”。鲁朗小镇位于工布藏族文化核心区与门隅文化交汇处，是工布藏族主要居住地，至今保留着完好的工布藏族建筑、饮食、服饰和节庆活动等民俗文化。游客在鲁朗小镇既可以近距离体验藏族民俗文化，又可以进行高山森林探险、河谷休闲体验。

11. 安仁古镇

安仁古镇地处成都平原西部，距成都 39.0 千米、双流国际机场 30.0 千米、大邑县城 8.5 千米。安仁古镇景区规划面积 4.1 平方千米，景区核心区 3.0 平方千米。安仁古镇浓缩了川西近代史的百年风云，拥有全国闻名的重点文物保护单位、国家 AAAA 级旅游景区——刘氏庄园，中国最大的民间博物馆聚落、国家 AAAA 级旅游景区、国家一级博物馆——建川博物馆聚落。安仁古镇总共有保存完好的中西合璧的老公馆 27 座、现代博物馆场馆 63 座、藏品 1000 余万件、国家一级文物 3655 件。安仁古镇现存文物的价值和规模、拥有博物馆的数量，在全国同类小镇中已是首屈一指。安仁古镇先后被住房和城乡建设部、国家文物局授予“中国历史文化名镇”，被住房和城乡建设部授予“国家园林城镇”，被文化和旅游部授予“国家文化产业示范基地”，被中宣部授予“国家爱国主义教育基地”，被中国博物馆学会命名为唯一的“中国博物馆小镇”，被中国文物学会命名为“中国文物保护示范小镇”，获“全国首批特色小镇”“四川省首批文旅特色小镇”“四川省最美古镇”等称号。目前，安仁古镇围绕“世界博物馆小镇”目标定位，以国家 AAAAA 级旅游景区为核心产业集聚区，全力推进世界博物馆小镇建设，将自身打造为国家文创文博产业集聚区、国家新型城镇化示范区、国际文化旅游目的地！

以上 11 个小镇都是国家 AAAA 级或者 AAAAA 级旅游景区，鉴于篇幅，不可能将每个镇的方方面面都进行阐述，本书只对旅游资源、主要旅游产品等进行分析。可以看出，即便是作为国家的高 A 级旅游景区，从最美小镇的评定规范来看，这些小镇在旅游产品开发、旅游公共服务设施和人居环境质量等方面都有明显需要提升的地方。

从旅游产品开发来看，绝大多数小镇主要依赖观光。我国的众多古村（镇、城）都有自己的历史，具有自身独特的历史文化资源，目前其活化利用不足，缺乏体验性项目，特别是利用高科技手段让游客感受历史文化的体验性项目不足。另外，休闲活动产品严重不足，特别是户外活动产品缺乏，不能增加游客的逗留时间。

从旅游公共服务设施来看，我国的文物保护单位和非物质文化遗产绝大部分在乡村地区，风景优美的名山大川又处于比较偏远地带，使我国的旅游资源主要分布区的公共服务能力不能满足旅游业发展的需要。因此，需要提升旅游业公共服务水平。

从人居环境来看，由于大部分古村（镇、城）以打造 A 级景区为目标，加上街道两侧各种琳琅满目的商店，小镇的整体氛围显得熙熙攘攘，缺乏静谧的休闲氛围。

二、国外最美小镇

为了深入了解不同国家最美小镇在旅游产品打造方面的特点，更好地借鉴这些小镇的旅游发展经验，本书选取了 33 个最美小镇进行分析，其中法国 11 个、意大利 8 个、西班牙 2 个、比利时 2 个、瑞士 3 个、日本 7 个。

（一）法国最美小镇

法国共有 158 个最美小镇，法国最美小镇协会对每个最美小镇的官方网站做了统一规定，每个网站的风格都保持高度一致。每个小镇的官方网站标明了小镇的旅游信息办公室、联系电话和邮箱、到小镇的行程、前往旅游局的路线、住宿的预订等信息，当然，官方网站最主要的内容还是介绍小镇为游客提供的各种旅游活动。

1. 里克威尔（Riquewihr）

里克威尔是一座处于法德边境的小城，距离科尔玛约 15 千米，是一个葡萄园小镇，被称为“阿尔萨斯白葡萄酒路线上最美丽的城镇”。里克威尔小镇最有名的是当地酒窖的白葡萄酒，吸引着许多旅游者前来品尝。

里克威尔小镇为游客提供了丰富的旅游活动，主要包括以下五类。

（1）森林疗法：森林中的健康郊游

森林疗法可以利用森林的好处，改善游客的健康。这不仅是在森林里简单地散步，更是一次对大自然的探索，是一次感官觉醒的郊游。郊游的规划时间是一个半小时，游客需要携带的设备包括良好的步行鞋、适合户外活动的衣服、水。

（2）远足

里克威尔小镇已经开发了不同难度和距离的带路标的远足线路，无论游客是经验丰富的徒步旅行者，还是偶尔的步行者；无论是情侣还是家庭；无论是喜欢山区，还是种植葡萄的山坡，都可以找到适合的路线。游客可以在孚日山脉远足。孚日山脉与莱茵河平行延伸超过 170 千米，呈现出多种多样的景观：圆形山峰、湖泊（来自冰川）、森林、交替的山谷和全景山峰等。孚日俱乐部（创建于 1872 年）划定了超过 16000 米的远足小径（阿尔萨斯一侧），让步行者和最有经验的徒步旅行者都可以探索孚日山脉。

同时，游客可以在地区自然公园远足。里克威尔小镇是法国最大的公园之一——法兰西地区自然公园（PNRBV）的组成部分（它跨越 3 个地区：阿尔萨斯、弗朗什孔泰和洛林），在这个公园中，游客可以发现典型的村庄、参观坚固的城堡遗迹、参加体育实践活动（徒步旅行、山地自行车、雪鞋行走、越野滑雪、骑马）、与大自然亲密接触等，每年有数千人来此远足。

（3）葡萄酒之路

沿着阿尔萨斯葡萄酒之路，游客可以让自己沉浸在葡萄园的世界里。游客有机会在酒窖或葡萄园中心与葡萄种植者会面，进行有指导的品酒活动。里克威尔小镇的葡萄种植者会邀请游客进入他们的世界，并与游客分享他们对自己职业的热爱。游客还可以乘坐旅游小火车参观葡萄园。

（4）自行车之旅

里克威尔小镇的领土延伸到孚日山脉、阿尔萨斯葡萄园和阿尔萨斯平原，里克威尔小镇设计了难度和距离各不相同的自行车道，并有详细的路标，自行车和山地自行车爱好者可以探索里克威尔小镇的自然与人文景观。同时，里克威尔小镇有自行车和山地自行车租赁公司，游客可以租车骑行。

（5）研学小径

里克威尔小镇为4~12岁的儿童设计了探索里克威尔小镇的趣味小径，孩子们可以边走、边学、边玩。这些趣味小径将带着孩子们穿过最美小镇的街道，沿着一条充满谜题的路线进行探索。孩子们需要保持好奇心、观察力并收集线索来解决谜题。

除了丰富的旅游活动外，里克威尔小镇还提供了不同种类的住宿，能满足各类旅游群体的需要。主要包括：酒店、度假中心、露营地、房车区、住宅酒店（Residence 酒店，酒店提供宽敞舒适的公寓，配备小厨房、阳台或露台、健身室或室内温水游泳池）。所有住宿均可以在线预订。

2. 鲁西永（Roussillon）

鲁西永小镇被称作“红土城”，是法国最美村庄之一。其特色是地质土壤中有着相当多的“赭石”。赭石的颜色有黄、橙、红等，所以造就了鲁西永小镇附近地理环境的特殊性。20 世纪 80 年代初，鲁西永旅游业逐渐取代了采矿业，游客与日俱增。鲁西永山区已被列入国家自然保护区，不再允许发展采矿工业。

2017 年，由于独特景观和赭石遗产，鲁西永小镇获得了“欧洲卓越目的地”的称号，这一标签提升了“吕贝隆山脉”在欧洲的知名度，也获得了欧洲旅游名胜的“认证”。为了保护这个超过 25 千米的遗址，鲁西永小镇的所有公社和旅游合作伙伴都申请了法国的遗产保护项目（Grand Site de France），以确保当地社会经济可持续发展。

鲁西永小镇为游客提供的旅游活动主要包括以下三类。

（1）游览小镇风貌

鲁西永小镇建在如血的高崖之上，房屋是由红岩筑就，村子里随处可见红色小屋，具有浓厚艺术气息。小巷里，路两旁紧紧相连的小房子都涂抹着美丽的色彩，如鲜艳的橙色、娇艳的黄色、温柔的粉色和艳丽的红色。当游客走过小巷时，将欣赏到有数千年历史的独特风景。

（2）在酒窖中品酒

鲁西永小镇所在地区是著名的葡萄酒产区，有大片的葡萄种植基地和葡萄酒庄园，品酒是鲁西永小镇最受欢迎的项目之一。位于吕贝隆赭石中心的品酒会将邀请游客探索吕贝隆葡萄酒的秘密。游客可以体验品酒的乐趣，而且是盲品。在品酒过程中，游客可以学习品尝技巧、不同的葡萄品种和葡萄酒的特点等。

（3）探索赭石之美

鲁西永小镇有两条小径，一条步行需要 30 分钟，另一条步行需要 60 分钟。沿着小径，游客可以游览鲁西永的地质奇观。旅游线路上都设置了标识牌，用于介绍历史。

3. 戈尔德（Gordes）

戈尔德小镇是普罗旺斯地区最美丽的小镇之一，是普罗旺斯山顶小镇的代表。戈尔德是一个坐落在岩石上的小镇，石灰石、干石墙和石墙是戈尔德小镇景观的组成部分。戈尔德小镇始建于公元 5 世纪，人们为了免受蛮族军队的袭击在岩石或山丘上避难，后来逐渐发展成村庄。戈尔德小镇是普罗旺斯的瞭望台之一，拥有坚固的城墙、开口的高楼和小巷网络。

戈尔德小镇的旅游景点包括薰衣草、修道院、城堡、大教堂等。城堡位于戈尔德小镇的中心，用于举办艺术展览。当游客沿着鹅卵石街道漫步时，可以欣赏卡瓦永平原和吕贝隆平原上的美丽景点。戈尔德小镇外，有几个标志性的地方值得一游：塞南克修道院、薰衣草、村庄等。

戈尔德小镇为游客提供了六类主题活动。

（1）在米其林星级餐厅享受美味

Les Bories 和 Peir 餐厅均在米其林指南中获得 1 星，它们能为游客提供各种美味佳肴。

（2）体验酒文化

在戈尔德小镇，游客可以品尝葡萄酒，还可以参观圣菲尔曼宫的酒窖。圣菲尔曼宫的酒窖是半穴居人遗址，由人类建造并在岩石中挖掘。

（3）户外活动

戈尔德小镇位于吕贝隆地区，这里的郊野公园，适合人们开展各种户外活动。

（4）参观城堡

城堡建于中世纪，并在文艺复兴时期进行了重建，1931 年被法国列为历史古迹。1971—1996 年，它成为匈牙利艺术大师瓦萨雷利的教育博物馆，收藏了佛兰德斯艺术家 Pol Mara 1997—2011 年的作品。城堡每年会举办大型夏季展览，展出居住在该小镇的艺术家的作品。

（5）游览宗教建筑

Sénanque 修道院建造于 1148 年，与 Thoronet 修道院和 Silvacane 修道院并称“普罗旺斯的三个姐妹修道院”，游客可在导游的带领下参观其教堂、宿舍、回廊和分会室。

（6）节庆活动

戈尔德小镇一年四季都有展览和音乐会。戈尔德小镇所处的位置和它的文化氛围使其成为普罗旺斯最“时尚”的地方之一。每年夏天，位于戈尔德小镇中心的剧院都会举办“戈尔德盛夏之夜”节庆活动。

4. 埃吉桑（Eguisheim）

埃吉桑是法国上莱茵省的一个市镇，紧邻科尔马，是阿尔萨斯葡萄园的摇篮，是教皇利奥九世出生的村庄，是游客在阿尔萨斯逗留时的中转站。这座中世纪城市围绕着城堡而建，呈同心圆展开。埃吉桑以其适中的规模、独特的建筑而著称，这些建筑群保存得非常完好。

沿着鹅卵石小巷漫步，游客可以欣赏色彩缤纷的房屋，可以在门楣上辨认古老铭文。自 1989 年以来，埃吉桑小镇就被法国连续评选为“四星级鲜花城镇”；自 2003 年以来，埃吉桑小镇一直被评为“法国最美丽的小镇之一”，2013 年获得了“最喜欢的法国村庄”称号。

如果游客想欣赏典型欧洲建筑，享受色彩的视觉冲击，那么到埃吉桑小镇旅行是一个好的选择。埃吉桑小镇里有着各种色彩的建筑和许多的葡萄园。

埃吉桑小镇为游客设置了三大主题活动。

（1）酒文化体验

在埃吉桑小镇，有超过 30 家葡萄种植者生产阿尔萨斯葡萄酒，其是法国最美小镇协会会员中拥有最多葡萄种植者的小镇。埃吉桑小镇每年都举办多个与葡萄相关的节日，如 7 月的葡萄酒节、8 月的葡萄种植者节、9 月和 10 月的收获节等。

（2）户外活动

埃吉桑小镇位于 Ballon des Vosges 公园，游客可以开展徒步、自行车骑行等各种户外活动。

（3）感受浪漫之夜

法国最美小镇协会每年都会在这里举办“浪漫之夜”活动，游客可以载歌载舞、品尝美食和美酒，享受浪漫之夜。

5. 伊瓦尔（Yvoire）

伊瓦尔小镇位于法国东部，是莱蒙湖畔的一颗明珠，距离日内瓦 45 千米。伊瓦尔小镇始建于 14 世纪初，至今已有 700 余年的历史。伊瓦尔小镇虽然如其他边境城镇一样，经历过领土纷争和战火，却能幸运地保留建镇时的原始风貌，珍贵的14世纪遗迹依然存在。广场的古堡是伊瓦尔小镇的遗迹之一，为伊瓦尔公爵所建，名为“伊瓦尔城堡”。伊瓦尔小镇还有一座规模不大的教堂——圣潘克拉斯教堂，建于19世纪中叶。城堡和教堂，是伊瓦尔小镇的两个标志性建筑。伊瓦尔小镇还保留有较为完整的古城墙和城门。

伊瓦尔小镇的一大景观是处处布满鲜花、带木阳台的石屋、种满紫藤和天竺葵的小巷……春暖花开的季节，墙壁、门廊、窗框被各种鲜花簇拥，更有碧水蓝天衬托，俨然一幅色彩浓郁的油画，因此该镇也被称为“鲜花小镇”“日内瓦湖的明珠”。另外，伊瓦尔小镇沿街的小商铺颇有特色，即使出售的是日用品，也融入了艺术元素，还有专门出售艺术品的画廊。

伊瓦尔小镇奉行呼吸、探索、徒步、解压和享受的理念，主要打造了两大主题活动。一是围绕河岸、溪流和湖泊构成的休闲活动。伊瓦尔小镇之前是一个渔村，享有日内瓦湖岸边的理想位置，并通过穿梭船与瑞士相连，因此水上活动爱好者和户外活动爱好者可以在这里获得全方位体验。二是游览花园。1300多种植物按照视觉、嗅觉、触觉、听觉和味觉五种感官分区布置，像一个小小的迷宫，被称为“五感花园”。

在旅游咨询服务方面，伊瓦尔小镇建立了官方网站，设置了旅游信息办公室，随时为游客提供各种帮助。在如何到达伊尔瓦小镇方面，伊瓦尔小镇官方也有详细的指引。

6. 阿尔桑雷（Ars-en-Ré）

雷岛坐落在大西洋中部海岸，是法国最美丽的景点之一。阿尔桑雷小镇位于雷岛的西端，其以教堂的尖塔而闻名，40米高的黑白尖塔是几百年来航海者们的指路灯。阿尔桑雷小镇诞生于11世纪的盐沼，现今依然有60多位制盐工在这片盐田上劳作。

阿尔桑雷小镇历史悠久，罗马式和哥特式风格的教堂是它的“心脏”。颜色艳丽的蜀葵、爬墙玫瑰，以及嵌在白墙上的蓝绿色百叶窗是阿尔桑雷小镇最有特色的美景。游客能看见停泊在港口的帆船和圣-艾蒂安教堂上的黑色尖塔，享受暖暖的阳光，喝一杯皮诺酒。阿尔桑雷被列为“法国最美丽的村庄”之一。

阿尔桑雷小镇充分利用海水、盐田和自然保护区等特色资源，设置了三大主题活动。

（1）滨海休闲度假

阿尔桑雷小镇面向大西洋，能提供游泳、海水浴疗、钓鱼等多项活动，让游客充分享受海洋的乐趣。退潮时，阿尔桑雷小镇露出广阔的泥土和沙洲，适合岸边钓鱼爱好者垂钓。阿尔桑雷小镇在靠近大海处或森林处设置了露营地。

（2）体验加碘的乐趣

阿尔桑雷小镇的盐田由 60 多名盐业工人经营。游客可在导游的带领下，在每年的 4 月到 9 月底，骑着自行车探索迷人的盐沼世界，体验加碘的乐趣。另外，每年 4 月到 9 月，阿尔桑雷小镇的牡蛎养殖场会提供游览和品尝活动，这也是阿尔桑雷小镇的旅游项目之一。

（3）探索发现

阿尔桑雷小镇位于国家级自然保护区内，自然保护区拥有丰富的动植物，有 30000 多只候鸟栖息，阿尔桑雷小镇充分利用这些独特的资源，为游客提供运动、探索与发现之旅。

在旅游服务方面，阿尔桑雷小镇的酒吧、商业、餐厅、娱乐等设施非常齐全，提供了露营地、自行车租赁、房屋出租等服务。阿尔桑雷小镇餐饮也具有地方特色，有脚在水中的海滩小吃店、面向大海或沼泽地的牡蛎小屋等。

阿尔桑雷小镇建有专门的网站，餐饮、住宿等都可以通过网站进行在线查找和预订，阿尔桑雷小镇还设置了旅游信息办公室，提供了导游图（英语和法语），图上标注了旅游点、旅游咨询服务点、住宿餐饮点等。如果游客想沿着海岸、村庄的历史中心或沼泽漫步，可以从旅游信息办公室获得远足地图。

7. 巴弗勒尔（Barfleur）

巴弗勒尔是一个与英国隔海相望的沿海城镇，是中世纪诺曼王国的第一个港口，也是一个拥有大量游艇和捕鱼活动的港口。如今的巴弗勒尔是一个拥有9000名居民、充满独特魅力的渔港城镇。历史上，巴弗勒尔是狮心王理查以及其他英国国王登陆法国的港口，这儿同样也是著名的诺曼底公爵威廉为了黑斯廷斯战役而离开法国的港口。

巴弗勒尔之所以成为法国最美丽的村庄之一，在于其港口和遍及各处、色彩不断变化的海水。作为法国最美丽的港口之一，巴弗勒尔的建筑同样极具魅力。屋顶和天窗的顶部矗立着陶器，这些是由距离巴弗勒尔约20千米的陶艺社区制作的。巴弗勒尔的圣尼古拉斯教堂被列入历史古迹名录，这座教堂的建造过程持续了两个多世纪。每年夏天，这座教堂都会举办音乐会。

巴弗勒尔的主题活动主要有两种。一是海边休闲。巴弗勒尔是法国最美的港口之一，这里为游客提供了多种航海活动。二是贻贝品尝。巴弗勒尔是法国最大的野生贻贝产地，当地出产的贻贝享誉欧洲。巴弗勒尔的贻贝干净无沙，贝壳泛着金黄色，贝肉柔嫩多汁，入口后，无论口感、细腻度，还是柔软度都是其他地区无法比肩的，是众多高档餐馆的首选。除了在海边畅游、品尝各种海鲜外，游客还可以在此散步、远足、参观博物馆。

8. 萨雷（Sare）

萨雷小镇被誉为“法国最美丽的村庄”，是巴斯克地区最美丽的村庄之一。萨雷小镇位于鲁讷、阿克苏里亚和伊班泰利山脚下。萨雷小镇拥有拉布尔最美丽的教堂之一——圣马丁教堂，自1982年以来圣马丁教堂一直作为历史古迹受到保护。圣马丁教堂顶部有一座5层高的塔楼，塔楼上装饰了很多的钟，是法国雕刻最多钟的教堂之一，游客可预约参观。

萨雷小镇提供给游客的主要旅游活动包括以下七类。

（1）爬 Lizarrieta 关口

Lizarrieta 关口海拔 441 米，是一个独特的地方，汇集了对迁徙物种的科学观察和数百年的狩猎传统——用网狩猎斑尾鸽。这里有两条小径可以远足并了解 Lizarrieta 关口的历史，一条是 9.0 千米的环路，一条是往返 2.9 千米的小径，小径的沿途都有标识牌，对 Lizarrieta 关口的历史进行说明。

（2）探索萨雷小镇洞穴

游客可以通过萨雷小镇洞穴的声光之旅，探索巴斯克人的起源和神话。

（3）乘坐齿轮火车

游客可以乘坐古老的齿轮火车前往巴斯克地区最具传奇色彩的山峰，35 分钟上升到海拔 900 多米的地方。这辆可追溯至 1924 年的火车将带游客到达巴斯克地区的神话般的顶峰。在这里，游客可以一览无余地俯瞰法国和西班牙海岸以及比利牛斯山脉。火车以每小时 9 千米的速度运行。在 1 小时 20 分的游览时间里，游客能发现生活在完全自由环境中的小马、母羊和秃鹫等野生动物。

（4）漫步中世纪小径

从萨雷小镇的中心出发，沿着古老的鹅卵石路步行约 1 小时，可以探索萨雷小镇及周边地区。

（5）学习制作巴斯克蛋糕

游客可以在糕点工作室边烘焙边学习，最后带着自己的巴斯克蛋糕离开。

（6）巴斯克猪研学小径

在巴斯克猪研学小径上，会有 10 个有趣的解说小组邀请游客探索猪肉的秘密。

（7）参观动物公园

动物公园距萨雷小镇中心 7 千米，朝向萨雷洞穴，游客可以探索、接触和抚摸来自世界各地的多种动物：水牛、单峰骆驼、家禽及许多其他动物。

9. 圣维朗（Saint-Véran）

圣维朗小镇位于 Queyras 地区自然公园的中心，海拔 2042 米，是欧洲最高的有人居住的城镇，也是法国最美丽的村庄之一。

圣维朗小镇的自然环境有利于进行多种户外活动。夏季，不乏远足和山地自行车运动爱好者进入这里。Queyras 地区自然公园是远足爱好者、探索动植物群爱好者或钓鱼爱好者的绝佳游乐场。冬天，圣维朗是一个适合家庭入住的滑雪胜地。相连的高山滑雪区 Molines/Saint-Véran 是奎拉斯最大的滑雪区。它绵延 36 千米，落差超过 1000 米，可以满足所有滑雪者的需求。游客可以进行高山滑雪、徒步旅行、北欧滑雪、雪鞋健行等活动，尽情享受非凡的原始空间！尽管旅游活动逐渐优先于农业，但圣维朗小镇成功地保留了乡村特色，没有丢失传统文化。木雕工仍然在制作装饰家具的传统花环，刀匠延续了“Haut Alpin”的专有技术。圣维朗小镇有一座教堂和一座寺庙，延续了一些传统的宗教节日。

如果游客对天文学充满热情，那么圣维朗小镇是理想的目的地。游客可以在 Pic de Châteaurenard 天文台度过一晚，然后参观太阳之家，了解这颗发光之星的奥秘。在圣维朗小镇，乐趣因季节而异。冬季，这个家庭滑雪胜地与它的邻居莫林斯相连，提供 Queyras 最大的滑雪场（36 千米）。夏季，自行车爱好者可以在传奇的 Agnel（20 千米）和 Izoard（45 千米）两条骑行道上骑行。

圣维朗小镇提供了多种形式的住宿，包括酒店、出租公寓、度假中心、木屋、露营地、避难所等。同时圣维朗小镇也提供了非常丰富的旅游活动，主要包括以下十类。

（1）远足

山顶之旅。谁不想到海拔超过 3000 米的地方，触摸夏天的雪？在圣维朗小镇，游客可以实现这个愿望。这里的山间湖泊、山脊、悬空山谷，对于经常步行和渴望冒险的游客来说，都是必须探索的地方。

探索之旅。与山地向导一起探索该地区最美丽的远足路线。游客从森林走到高山牧场，在海拔 3000 米的路线上欣赏风景和动植物群。

（2）散步

游客可在轻松的徒步旅行中，了解山地植物并学会识别和使用它们。用餐时，圣维朗小镇将提供由野生植物制成的野餐。

（3）电动山地自行车

游客可骑电动山地自行车与登山向导一起探索国家保护区的自然资源，这种运动适合所有希望探索高山动植物的游客。

（4）速降滑板车

全地形速降滑板车是一款有趣、易于操作且安全的工具，可让游客在 2 个轮子上探索山间小径的乐趣！游客可在森林小径和小型轻松小径上进行温和的下降学习。

（5）定向越野

定向越野设置了两种课程。蓝色课程：简单级别，6 千米，平均时间为 2 小时，垂直落差为 74 米。黄色课程：中等水平，4 千米，平均时间 2 小时，垂直落差 121 米。

（6）放松

游客可在植物治疗师和瑜伽老师的陪同下，探索如何通过植物和瑜伽来限制与管理压力。

（7）犬类活动

狗友会——这是为孩子们预留的下午时光，是家长们的空闲时间，主要探索雪橇犬和远足犬。在了解了北欧犬并知晓了活动的必要说明后，游客可以和这些犬一起去散步。

（8）飞拉达铁道

飞拉达是指在山体岩壁上建设，由钢扶手、脚踏、生命钢缆等构成的攀登径道，让不具备攀岩能力的人也能攀上陡峭的岩壁。圣维朗小镇能提供适合初学者、冒险爱好者不同氛围和层次的飞拉达。

（9）滑翔伞

圣维朗小镇能提供儿童飞行、探索飞行和逃生等多种类型的滑翔伞项目。

（10）探索之旅

探索之旅包括故事和传说路径、迎新课程路径、公园小径、生态探索小径、定向课程、登山和攀岩、漂流之旅、溪降等。

10. 里昂拉福莱特村（Lyons-la-Foret）

里昂拉福莱特村距离鲁昂约 30 千米，位于欧洲最美丽的山毛榉树林之一的心脏地带，融合了诺曼底的建筑风格和艺术氛围。

里昂拉福莱特村据说是围绕着一座由征服者威廉于 11 世纪建造的坚固城堡而建造的，由于火灾城堡被烧毁，现在的大多数建筑都建于 16 世纪。里昂拉福莱特村和森林是密不可分的，这片林地距离巴黎仅 2 小时车程，是欧洲最美丽的山毛榉“大教堂”之一。博尔丁（Bordins）植物园拥有 100 余种来自世界各地的树种。徒步爱好者能在此欣赏到大片的自然风景，经过良好维护的小径也能让自行车手、骑马者，甚至是驾车者，欣赏到独特的风景。

里昂拉福莱特是一个适合散步的村庄，游客可以在 Place de la Halle 的露台上休息、欣赏经过修复的宏伟外墙、在村庄的商店和作坊中闲逛。美食餐厅和水疗中心也是里昂拉福莱特村庄的独特体验之一。除了里昂森林和植物园，里昂拉福莱特村还提供多种远足路线。在 5~20 千米的半径范围内，游客可以发现许多遗迹：莫特默修道院及其公园、瓦斯科伊尔城堡、赫迪库尔城堡。

里昂拉福莱特村提供了丰富的旅游产品，游客可以充分享受这里提供的各种服务。

◇参观被列为法国最美丽村庄的里昂拉福莱特村，这个特色村庄拥有非凡的历史和自然遗产。

◇在明信片般的优美环境中漫步，游览点缀着半木结构和砖房子的华丽街道、老修道院。

◇探索古老皇家城市的独特历史。

◇参观市政厅。

◇追随在里昂拉福莱特留下印记的艺术家的足迹。

◇沉浸在小说《包法利夫人》的氛围中。

11. 普罗旺斯奥西坦（Provence Occitane）

普罗旺斯奥西坦不是一个小镇，是普罗旺斯的一个地区，包括Aiguèze、Montclus和La Roque sur Cèze三个最美小镇。因为在法国，除了每个小镇有自己的官方网站及各种产品推介外，小镇所在的地区也会通过官方网站从整体上对该地区的所有小镇进行推介。因此，本书将普罗旺斯奥西坦作为一个地区案例进行分析。

普罗旺斯奥西坦的官方网站推出了“探索发现”“休闲活动”“美食品尝”“住宿”四个板块，每个板块设置内容如下。

（1）探索发现

主要有探索遗产、参观博物馆、探索自然遗址和洞穴、发现大自然等旅游项目。

◇参观乡村博物馆和历史遗迹。普罗旺斯奥西坦拥有充满活力的文化生活，拥有数家博物馆。游客可以看到在这里生活或逗留过的艺术家的杰作。如果游客想探索Bagnols-sur-Cèze的老城区，可前往该市旅游局获取游览线路图。

◇教育农场。Au Bonheur des Animaux是一个教育农场，位于La Garde-Adhémar镇，靠近Pierrelatte机场，它汇集了来自世界各地的350多种农场动物。

◇阿尔代什薰衣草庄园。在阿尔代什薰衣草庄园，游客可以登上小火车穿越田野游览庄园，可以参加精油提取活动，在导游的带领下见证精油的提取过程。

（2）休闲活动

◇游泳。在清澈的河流或游泳池中享受清爽的夏日。

◇冒险运动。游客可系上安全带和穿上运动鞋去攀岩、在地下爬行、从天然滑梯上滑下……利用大自然的奇观，与家人或朋友一起超越极限。

◇独木舟、皮划艇。游客可以单独或结对乘独木舟、皮划艇沿着河道漂流。

◇垂钓。游客可以在普罗旺斯奥西坦尽情享受垂钓的乐趣。

◇自行车骑行。游客可沿着有标记的道路和山地自行车道骑自行车、山地自行车、VTC、踏板车或三轮车探索这片土地。

◇远足。普罗旺斯奥西坦为游客提供众多远足路径和步行道，游客还可以到当地旅游局获取带有 GR 和 PR 的地图。

◇骑马。几个马术中心全年欢迎游客参加各种活动。

◇课程和研讨会。普罗旺斯奥西坦设置有各种课程和研讨会，例如，与折纸师一起学习如何制作幸运符。

（3）品尝美食

◇各种餐厅。普罗旺斯奥西坦小吃店、小酒馆、风味广场等各种各样的餐厅为游客提供美食。

◇酒窖和庄园。普罗旺斯奥西坦的酒窖和庄园全年供游客参观品尝。

◇市场。游客可以漫步在市场的摊位间，品尝当地特产，与制作人分享烹饪秘诀。普罗旺斯奥西坦的市场每天开放，在村庄的中心，为游客提供该地区最具特色的东西。

◇土特产。在普罗旺斯奥西坦旅行期间，游客可以与牧场主、橄榄种植者、葡萄种植者、养蜂人、奶酪工匠等交流沟通，了解他们的专业知识。

（4）住宿

◇客房。游客可以与当地人住在一起，这样就能发现当地居民的热情好客和普罗旺斯奥西坦的真实生活。

◇带家具的出租屋。游客可在该地区的中心地带，租一间小屋、一间农舍或一间公寓，体验当地的生活。

◇露营地。普罗旺斯奥西坦提供移动房屋、帐篷和房车营地、平房、大篷车等露营设备，游客能在普罗旺斯奥西坦找到所有的户外住宿类型。

◇酒店。普罗旺斯奥西坦提供各种类型的酒店。

◇其他住宿。普罗旺斯奥西坦还提供了各种个性化的住宿，包括团体住宿、旅游公寓、度假村等。

除了以上四类板块，普罗旺斯奥西坦官方网站还推出了“我们的最爱”、10 个家庭必看景点、普罗旺斯奥克骑自行车、“葡萄园和发现”标签。

（二）意大利最美小镇

意大利共有 289 个最美小镇。意大利最美小镇协会对每个最美小镇的官方网站做了统一规定，每个网站的模板都保持高度一致。每个小镇的官网从“探索美食与美酒”“探索运动与自然”“探索历史与文化”三个方面对典型旅游产品进行了推介。

1. 文佐内（Venzone）

文佐内总面积 54 平方千米，人口约 2206 人，曾被意大利 RAI 电视台评为“意大利最美的村庄”。这座位于意大利北部山谷的小镇，有一部分属于阿尔卑斯山自然公园，清新的空气、优美的自然环境和历史悠久的建筑物，让这里幽静美丽。文佐内是著名的薰衣草城，每年的 6 月到 8 月，这里满城都是紫色。一年一度的薰衣草节吸引着来自世界各地热爱生活、喜欢浪漫的人。除了薰衣草，文佐内小镇最为人所熟知的就是木乃伊。文佐内小镇现有完整的木乃伊保存在圣米歇尔公墓教堂的墓穴中。

文佐内为游客提供了丰富的休闲活动和美食，主要包括以下五类。

（1）娱乐

文佐内每年都会举办各种节日活动、戏剧表演、体育和文化活动、老爷车和摩托车集会、游行、烹饪和体育比赛、成人和儿童的文化与创意活动以及展览等。

（2）参观木乃伊

游客可以参观文佐内的木乃伊，木乃伊被保存在圣米歇尔墓地教堂的地穴中。

（3）节庆活动

文佐内一年四季都有节庆活动，例如，1 月 1 日新年前夜音乐会，3—5 月为孩子们举办的国际展览，8 月的夏季音乐会，9 月的国际管风琴节，10 月的南瓜节，12 月的圣卢西亚古代节，等等。

（4）饮食

文佐内的特色菜由新鲜的意大利面制成，当地按照传统，根据所处的不同时节使用不同的调味品，因此经典的意大利扁面条会配以不同的食材。文佐内还有不同风味的奶酪，有些还添加了万寿菊花瓣，带有草本香气。

（5）地方风味

一是配有蔬菜炖猪肉的意大利通心粉和烤乳清干酪。二是绝妙的当地甜点，是名为 Sciauni 的新鲜意大利乳清干酪煎饼。

2. 康加德马里尼（Conca dei Marini）

康加德马里尼是意大利南部坎帕尼亚大区萨莱诺省阿马尔菲海岸的一个小镇，它的岬角正处于海岸线的拐弯处，景色有峰回路转之妙。康加德马里尼有美丽的港口、古老的瞭望塔和美丽的海滩。这里最著名的景点是祖母绿洞，它和卡普里岛的“蓝洞”有异曲同工之妙，但与蓝洞不同的是，绿洞的入口在海平面之下，因此直到 1932 年才被一名当地渔夫发现。绿洞是一个天然海水洞窟，洞中海水呈翡翠般的碧绿色，每年吸引成千上万的游客前来参观。游客可以开车到附近的停车场，搭乘景区的电梯或者走楼梯下到洞穴中，再由船夫带上船进入绿洞。康加德马里尼的东北方向有康加角（孔卡角），位于城镇南侧，是阿马尔菲海岸除普莱亚诺之外最靠南的海角，上面是一座古老的碉楼。小镇内还有圣潘克拉齐奥教堂，该教堂约建于 14 世纪。康加德马里尼有著名的莫纳斯特罗圣莎酒店，该酒店以水疗服务著称，建造在萨莱诺湾旁边的悬崖上，距离海滩只有 3 分钟的路程，是观景疗养的胜地。

康加德马里尼提供了丰富的休闲活动与美食，主要包括以下四类。

（1）休闲活动

游客可以来一次悬崖之旅，在极佳的自然环境中漫步；到浪漫的滨海步行大道，爬上通向天空的“楼梯”，从上面眺望大海；从种有葡萄、柠檬、橄榄、角豆和石榴的小径步行到圣潘克拉齐奥教堂、圣米歇尔教堂，再到坐落在岩石边缘的小圣殿，游客可以看到令人印象深刻的 Furore 悬崖。

（2）参观博物馆

游客可以预约参观孔卡酋长塔和圣潘克拉齐奥教堂。

（3）节庆活动

康加德马里尼几乎每月都有活动，例如，5 月 12 日，圣潘克拉齐奥节；6 月 13 日，圣安东尼奥·达·帕多瓦的主保盛宴；6 月 24 日，施洗者圣约翰节；7 月 16 日，卡梅尔圣母节；7 月 23 日，以鱼为基础，在孔卡码头举行庆祝活动，以纪念那些落入海中的人；8 月 15 日，圣母升天节；8 月 23 日，圣罗莎达利马节；12 月 8 日，圣母无原罪盛宴。

（4）餐饮

康加德马里尼有丰富的美食供游客品尝，如通心粉配番茄、西葫芦，红珊瑚虾酱意大利面，岩鱼汤，柠檬叶兔肉，茄子和西葫芦干酪，海荨麻等。

3. 奥特朗托（Otranto）

奥特朗托位于意大利最东端，总人口 5536 人，小镇的名字源于它面朝奥特朗托海峡，海峡对面就是阿尔巴尼亚。在奥特朗托，蔚蓝的大海和雪白的石头房子相互辉映，构成绝美景象。傍晚，夕阳的余晖将奥特朗托照得金光灿灿，碧蓝的海水上点缀着五彩缤纷的小船，游客们在海边尽情地玩耍。奥特朗托是意大利的古港，原为古希腊人居住地，保持着希腊语言和文化。奥特朗托的大街小巷处处可见希腊风格的建筑。

离奥特朗托小镇5千米处的Palascia灯塔，是意大利最东端的标志。这座灯塔已经有100多年的历史，现在已不再具有灯塔的功能，而是一个地中海环境生态观测点。在这里，你可以看到全意大利最早和最美丽的日出。奥特朗托也是知名作家霍勒斯·沃波尔的小说《奥特兰托城堡》诞生地。奥特朗托有天然的海边浴场和熔岩洞穴泳池，有林立的古堡教堂。游客可以参观奥特朗托城堡和建于11世纪的奥特朗托教堂，该教堂内部保存着12星座图马赛克地板。游客还可以享受特色的骑马体验。2010年，奥特朗托老城区被联合国教科文组织确认为世界文化遗产。

奥特朗托的休闲活动与美食主要包括以下三类。

（1）休闲娱乐

奥特朗托拥有美丽的白色沙滩和清澈的海水，这里的主要娱乐活动是游泳、航海、潜水以及与大海相关的其他活动。

（2）节庆活动

节庆活动主要包括地中海自然保护区展览、圣弗朗西斯科·迪·保拉的守护神节、奥特朗托舞台节、每年7月的戏剧和歌剧节、音乐会、电影节、与艺术家的专题会议、艺术展览（雕塑和绘画）、奥特朗托艺术节等。

（3）美食

奥特朗托的食物很简单，如用酱汁制作或者用意大利乳清干酪调味的奥利切特蛋糕、煮章鱼、鱼汤、带贻贝的意大利面等。

4. 卡斯蒂廖内迪西奇里亚（Castiglione di Sicilia）

卡斯蒂廖内迪西奇里亚位于西西里的埃特纳火山北侧，总人口3750人。卡斯蒂廖内迪西奇里亚小镇的海拔高度差异很大，最低点为海拔60米，距离贾尔迪尼·纳克索斯仅有几千米；最高点海拔3348米，与东北部埃特纳火山口的顶峰高度相当。这里有火山熔岩冲击形成的高达50米的阿尔坎塔拉峡谷，游客可以进行徒步旅行。

卡斯蒂廖内迪西奇里亚提供的旅游活动主要有以下四类。

（1）小镇观光

卡斯蒂廖内迪西奇里亚小镇位于阿尔坎塔拉河南岸的山丘上。该小镇上的房屋位于陡峭的斜坡上。游客可以从 Via Regina Margherita 开始游览，首先到 Lauria 广场；其次前往圣安东尼奥广场参观圣安东尼奥教堂，该教堂建于 1601 年，拥有美丽的巴洛克式外墙和球状圆顶；接着游客可以参观圣母玛利亚大教堂（Madonna della Catena），其是意大利最重要的教堂，建于 1655 年，拥有具有纪念意义的巴洛克式外墙和圣菲利波雕像；最后游客可以游览一个防御工事即一座被称为“Cannizzu”的圆柱形塔楼，其历史可以追溯到 12 世纪，是卡斯蒂廖内迪西奇里亚的象征。

（2）户外休闲活动

卡斯蒂廖内迪西奇里亚主要的户外活动是沿河徒步旅行，游览阿尔坎塔拉峡谷和埃特纳火山。

（3）节庆活动

卡斯蒂廖内迪西奇里亚主要的节庆活动包括在每年 5 月的第一个星期日举行的 Madonna della Catena 盛宴，每年 8 月举行的美食节，每年圣诞节期间举办的圣诞市场。

（4）地方风味

一是配有蔬菜炖猪肉的意大利通心粉和烤乳清干酪。二是名为 Sciauni 的新鲜意大利乳清干酪煎饼。

5. 蒙特伊索拉（Monte Isola）

蒙特伊索拉位于意大利伊塞奥湖（Lake Iseo）中，人口 1760 人。蒙特伊索拉从伊塞奥湖的蓝色水域中升起，游客只能乘船到达。伊塞奥湖中央还有两个较小的小岛，即圣保罗岛和洛雷托岛，小岛只能容纳一栋别墅，别墅周围环绕着深色针叶树。

蒙特伊索拉主要的旅游活动有以下四类。

（1）游览小镇

游客在波尔图小村庄的码头下船，可欣赏教堂和建于 16 世纪的别墅。雄伟的马丁尼戈塔楼耸立在市政厅广场上。蒙特伊索拉小镇的石屋和小广场都很漂亮。在岛屿的最高点，游客可以欣赏到伊塞奥湖的景色。

（2）休闲娱乐

蒙特伊索拉令人叹为观止的是没有汽车，小镇的人们出行大都靠步行或骑自行车，唯一被允许的公共出行方式是乘坐市政府的小巴。湖岸边的鲜花、橄榄树、葡萄藤使湖岸生机勃勃，游客可以在海滩上安静地散步、聊天。游客可以在配备齐全的小径上散步或骑自行车，也可以乘坐小船在湖上巡游，参观作为蒙特伊索拉市政领土一部分的两个小岛。

（3）节庆活动

蒙特伊索拉主要的节庆活动是寓言花车游行。

（4）美食

蒙特伊索拉的菜单以开胃菜开始，包括蒙蒂索拉意大利腊肠、沙丁鱼干和玉米粥、洋葱等，然后是鲈鱼烩饭或湖鱼酱意大利面；主菜可以选择烤或炸湖鱼、炖肉，配以传统铜锅烹制的玉米粥；传统甜点是一种带有苹果、甜甜圈和水果馅饼的煎饼。

6. 卡斯泰尔梅扎诺（Castelmezzano）

卡斯泰尔梅扎诺位于意大利巴西利卡塔大区，海拔 900 米，人口 977 人。它不仅是“意大利最美村庄排行榜”上的常客，还曾被旅游杂志评为“你所见过的最美的地方”之一。该村庄由一排排仿佛是在高耸的灰色石壁上长出来的小房子组成。卡斯泰尔梅扎诺保留了原始的中世纪城市体系，形成了一个梯田形式的同心房屋群，这些房屋仿佛依偎在一个石质的贝壳里，房顶是砂岩板。夜幕降临后，家家户户灯光亮起，整片房屋被暖黄色的灯光装饰得好似一串梯田星火。

卡斯泰尔梅扎诺的旅游活动主要有小镇游览、休闲娱乐和节庆活动。

（1）小镇游览

卡斯泰尔梅扎诺坐落在由石柱和山峰组成的墙上，梦幻般的岩石景观保留了原始的中世纪城市布局。游客可以沿着陡峭的楼梯爬上山顶，欣赏美景。建于13世纪的圣玛丽亚教堂保存着14世纪的圣母玛利亚和孩子的木制雕像。同样值得一看的还有圣玛丽亚小教堂、在岩石中挖出的圣母升天教堂、毗邻的前拿破仑墓地，以及村里的各种贵族宫殿。

（2）休闲娱乐

卡斯泰尔梅扎诺的主要休闲娱乐活动有散步、徒步旅行、骑自行车旅游、马术旅游、钓鱼、带装备的墙壁攀岩、秋季采蘑菇等。

（3）节庆活动

◇圣周六（耶稣复活节前一周的星期六）的篝火晚会：男孩们带着旧乐器、手推车和绞盘，在村子里收集晚上在主广场生火用的木材。

◇Sagra della Quagliata：在5月的第一个星期日，卡斯泰尔梅扎诺小镇会举行一个古老的农民节日。

◇Summer Castelmezzanese：包括戏剧、音乐表演、露天电影等。

◇圣罗科节：在8月19日，包括游行、音乐会和焰火表演。

◇Cuccia节：在12月13日，在主教堂前的大锅中烹制Cuccia，这是一道由蚕豆、小麦、鹰嘴豆组成的菜，然后被祝福，并在弥撒结束时分发给所有信徒。

7. 多扎（Dozza）

多扎位于意大利艾米丽亚-罗马涅大区博洛尼亚市，是一座历史悠久的小镇，被誉为“意大利最美小镇”之一。多扎有一个美丽的名字——City of Painted Walls（壁画中的城市），整个小镇被壁画所覆盖。自1960年起，多扎每过两年就会举办一次壁画庆典，至今已举办超过25届。每到庆典举办前，多扎小镇会向意大利和世界各地的画家发出邀请，众多艺术家纷至沓来，在多扎小镇的墙壁上留下他们的作品。在墙上绘画的独特活动将中世纪的村庄变成了露天艺术画廊，鲜活的画和当地人的生活非常自然地融为一体。除了壁画，城堡是多扎的另一个迷人之处。多扎城堡建造在15世纪卡特琳娜·斯福尔扎下令修建的斯福兹军事堡垒的遗迹之上，1960年后，多扎城堡开始向公众开放。

在多扎小镇，游客可以体验多种娱乐活动，也可以尽情品尝当地的美食。

（1）休闲娱乐

品酒、打网球、骑马、步行和骑山地自行车是小镇的主要娱乐活动。多扎是葡萄酒之城，这里经常会有品酒会。

（2）节庆活动

多扎有丰富的节庆活动。1月6日是贤士游行，由贤士骑马穿过村庄街道进行游行；5月的第一个星期天会举办品酒会；5月至10月有各种艺术展览、戏剧、音乐和文学活动；7月底有国际民俗节，展示来自世界各地的民间舞蹈和音乐；在奇数年的9月，将举办彩绘墙双年展；12月31日，由Alpini di Dozza组织圣西尔维斯特篝火，这是新年的欢迎派对。

（3）美食

多扎美食丰富，有意大利面、加尔加内利、带有鼠尾草香味的意大利乳清干酪、佛罗伦萨肉和羊肉、罗马尼亚皮亚迪纳，以及当地的葡萄酒。

8. 博比奥（Bobbio）

博比奥位于皮亚琴察省，海拔272米，人口3724人。博比奥是一座美丽的古城，在2020年被投票选为当年“意大利最美小镇”的第一名。

博比奥为游客提供了丰富的旅游活动和完善的服务设施。所有的旅游信息都可以通过电话、传真、邮箱和网站获取。

（1）游览小镇

在博比奥小镇，游客可以看到很多9世纪以来的遗迹，包括阿吉鲁夫古大教堂、博比奥最古老的宫殿、圣弗朗西斯科修道院和著名的老桥。老桥是博比奥的象征，该桥长280米，有11个高度不相等的拱门。

（2）娱乐和节庆活动

博比奥的娱乐活动有越野滑雪、在 Trebbia 河钓鱼和划独木舟、在平静的环境中步行和徒步旅行。另外，博比奥地区还有一个水疗中心，位于圣马蒂诺。

博比奥一年四季都有节庆活动，主要包括复活节、爱尔兰音乐节、儿童文学节、电影节、葡萄节、蜗牛节以及有机产品展览、蘑菇和松露展览等。

（3）特色餐饮

博比奥的特色餐饮有手工制作的用炖酱调味的新鲜意大利面、蜗牛、杏仁和糖制成的脆饼。

（三）西班牙最美小镇

1. 阿尔瓦拉辛（Albarracin）

阿尔瓦拉辛是西班牙阿拉贡自治区特鲁埃尔省的一个市镇，在这里游客既能感受到罗马文化、伊斯兰文化与基督教文化强烈碰撞的浓郁气息，又能在布满鹅卵石的蜿蜒小路上感受石膏与木材建筑的融合。小镇在阿尔瓦拉辛山海拔 1171 米的山腰上，地处战略要地。当年的街道、花园、广场、楼梯都被完好地保存下来，其中最值得一提的便是古城墙。小镇方圆 453 平方千米，孕育着 1000 多人，人口密度为 2 人/平方千米，所以这里十分清静，没有车水马龙。村庄四周被防御墙包围着，周围是大片看似贫瘠的山丘，城墙最高处是建于 10 世纪的著名的阿纳德尔塔楼，从此处可以观赏到小镇的全景。在小镇的另一头，孤独地耸立着一座与阿纳德尔塔楼遥相呼应的建筑——白塔，这座塔已经被改造成一个小型展馆，里面陈列着一些当地的艺术作品。小镇几乎所有的建筑都刷上粉红色的水泥，屋檐上覆盖着相同色系的瓦片，这些墙面和瓦片会随着天气与光线的变化反射出丰富的色彩，因其大部分时间都呈粉色，所以小镇又被称为“粉色小镇”。

小镇附近山区的生态资源很丰富，有种类繁多的动植物，有山涧、水泉和瀑布，景色迷人，在这里露营还可以欣赏到繁星密布的夜空。

2. 佩德拉扎（Pedraza）

佩德拉扎位于西班牙卡斯蒂利亚·莱昂自治区塞戈维亚省东部。佩德拉扎是座石头古城，于 1951 年被西班牙政府列为历史古迹。小镇城门的起源可追溯至 11 世纪，是佩德拉扎唯一的入口。小镇面积不大，基本规模形成于中世纪。佩德拉扎璀璨的中世纪建筑令其备受影视剧的青睐。穿行于小镇的街巷，游客们可以欣赏到小镇独树一帜的居民房屋和美丽的大自然风光。佩德拉扎城堡位于小镇的西北角，是一座建于 13 世纪的堡垒，1925 年，巴斯克画家苏洛阿加将破败不堪的城堡买下，将城堡主楼翻新后作为工作室。2011 年秋，苏洛阿加的外孙女正式继承佩德拉扎城堡，她将巴斯克画家的部分珍藏作品转运至此。佩德拉扎城堡于每周三至周日向公众开放。

（四）比利时瓦隆最美小镇

1. 沙司皮埃尔（Chassepierre）

沙司皮埃尔位于比利时南部阿登山区卢森堡省，坐落在 Semois 河畔一个狭窄的山谷中。沙司皮埃尔位列文化遗产名录，景色宜人，建筑特色鲜明，旅游服务一流。小镇的历史可以追溯到高卢罗马时代。查理大帝的曾孙洛泰尔二世曾在此修建过皇家住所。小镇的发展得益于蕴藏在地下的丰富水资源。所以，当人们走在小镇的路上，会发现随处可见的饮水处、喷泉、水池以及漂亮的老磨坊。

小镇有一座圣马丁教堂，和小镇上的其他房子一样，这座古老的教堂可以追溯到 18 世纪初。其因独特的钟楼、球形的外观以及巴洛克式的建筑风格被列入瓦隆地区文化遗产名录。教堂下方，有一个人工挖掘的地下隧道网络，这些隧道网络和磨坊已被纳入自助游的范畴。

沙司皮埃尔国际街头艺术节是比利时最重要的活动之一，也是国际知名的艺术节。活动期间，沙司皮埃尔这座宁静的小村庄将会变得喧闹起来，迎接来自四面八方的艺术家和游客，瞬间变身为街头艺术家的天堂。

沙司皮埃尔特别注重对历史文化和艺术的展示，小镇上有列入名单的纪念碑、中世纪农场、巨石博物馆、艺术画廊、河流解说中心等，让游客以各种形式了解当地的历史文化。

小镇的旅游服务设施齐全，提供多种旅游咨询服务。有度假屋、酒店、露营地等各种住宿设施，有咖啡馆和小酒馆等各种休闲场所。小镇提供手工巧克力、奶酪乳制品等各种本地特色美食。

2. 法拉安（Falaën）

法拉安属于那慕尔省，位于一个小而浅的山谷两侧，游客可以通过莫利格涅河谷旁路标的引导轻松到达法拉安。一进入小镇游客就可以看到教堂塔和城堡农场的三座塔楼。村庄围绕着教堂广场而建，小镇有30座可追溯到18世纪和19世纪的传统房屋。

法拉安充分利用本地的自然和人文资源，设计了观光、体验和户外活动等各种类型的旅游产品。

（1）考察乡村遗产

在通往村庄的蜿蜒道路上，游客会看到城堡农场、曾经的女子学校、曾经的锻造厂、啤酒厂等许多石灰岩建筑物和房屋，都保留着使用过的痕迹。

建于17世纪的城堡农场保留了它的防御面，城堡的三座塔楼威严耸立。如果游客继续行走3千米左右，就会见到蒙泰格勒城堡遗址，这是瓦隆地区的一项特殊遗产。

（2）参观蒙泰格勒考古博物馆

蒙泰格勒考古博物馆建于19世纪初，是由被拆除的中世纪城堡的材料所建。蒙泰格勒考古博物馆主要展示拆除现场发现的物品（弩箭、炮弹、工具、陶器、奖章、硬币、彩色玻璃等）。

（3）体验切尔廷奶酪农场

Frippiat-Sandron 家族开发了一个奶酪农场，奶酪爱好者将在此品尝到各种各样的奶酪。

（4）短途徒步旅行

游客可在默兹和莫利尼间进行 2 千米的徒步旅行，徒步线路上的景点主要有：圣莱杰教堂、城堡农场、曾经的女子学校、“Belle-Vue”农场、“七苦”礼拜堂、拉萨莱特圣母教堂、老锻造厂、啤酒厂、蒙泰格勒城堡遗址。

（五）瑞士最美小镇

瑞士于 2015 年成立了“瑞士最美小镇”协会，2017 年成为“世界最美小镇”联合会的一部分，目前，瑞士有 41 个最美小镇。

1. 阿文什（Avenches）

阿文什是一座迷人的中世纪城市，建在一座小山上，居民有 4166 人，是罗马赫尔维蒂亚的首府。这个小村庄拥有罗马时代的独特遗产。它被认为是莫拉特湖畔拉布罗耶的一颗明珠。莫拉特湖与纳沙泰尔湖之间的缓坡丘陵、葡萄园及自然保护区非常适合步行和骑自行车。

阿文什为游客提供了丰富的旅游活动。

（1）美食之旅

阿文什打造了一条美食街，让热爱美食的人们的味蕾得到愉悦。阿文什的餐厅老板会供应鲈鱼片、自制的蓝带、比萨、意大利面、烤牛肉和素食菜肴。

（2）历史步道之旅

在阿文什，旅游局设计了一条历史步道，沿着这条步道游客会发现阿文什的历史和财富，充分了解这个美丽的小镇。游客可以观看塔楼、古老的纪念碑，也可以沿着楼梯漫步，在拱廊下闲逛。为了让游客的步行更加愉快，阿文什旅游局制作了一本小册子，并免费分发给游客作为旅游指南。

（3）活动之旅

阿文什有丰富的节庆活动，主要有嘉年华、音乐节、莫拉特湖慢跑、艺术和手工艺品展、当代纺织艺术双年展、电影节、死亡灯节（灯光秀）。

2. 埃格利绍（Eglisau）

埃格利绍是瑞士苏黎世州的一个自治市，海拔355米，人口5335人。该镇由两条长街组成，保留了众多文艺复兴和巴洛克元素。

埃格利绍的旅游活动非常丰富。

（1）龙舟赛

埃格利绍每年都举办龙舟大赛，该活动将成为游客的一项特殊体验。

（2）莱茵河之旅

莱茵河为年轻人和内心年轻的人提供了许多游览机会。在这里，游客可以乘坐定期船或租船探索和享受自然天堂。从苏黎世、温特图尔、沙夫豪森或瓦尔茨胡特驾车或搭乘公共交通工具仅需30分钟即可抵达壮丽的莱茵河上游。在游船上游客可以享受浪漫篝火之旅，在篝火旁享用热红酒或开胃酒，在船上度过一个舒适的夜晚。

旅游公司还能根据游客的意愿进行私人定制。例如，生日、商务旅行、婚礼、老年人旅行、圣诞晚餐等活动。

（3）马车之旅

游客可以乘坐马车在未受破坏的景观中放松身心。游客可以穿过森林，前往舒适的花园旅馆享用小吃，或者乘坐马车体验夏日早晨。葡萄酒爱好者或对葡萄酒感兴趣的人，可以拜访葡萄酒种植者并品尝他的产品。

（4）博物馆之旅

埃格利绍农民博物馆位于一个旧谷仓内，主要收藏过去日常农业生活中的物品，主题是葡萄栽培和乡村美食。该博物馆还展出来自各行各业的旧手工工具。

3. 埃沃莱讷（Evolène）

埃沃莱讷位于瑞士瓦莱州的海伦斯区，是山地爱好者的梦想目的地。埃沃莱讷的风景、传统和保存完好的遗产使其成为一个放松之地。

埃沃莱讷不仅受到大自然爱好者和冬季运动爱好者的欢迎，而且其因宁静的环境成为作家和艺术家的度假胜地。

埃沃莱讷拥有近800名居民，拥有众多商店和餐馆，其中央街道是一条特别热闹的主干道，周围环绕着当地典型的传统建筑。埃沃莱讷每年会举办许多活动，包括突出当地传统的狂欢节和仲夏节。

埃沃莱讷的旅游活动非常丰富，主要包括以下三个方面。

（1）冬季活动

冬季活动包括单板滑雪、滑雪旅游、自由骑行、越野滑雪、雪鞋远足、冬季两项（射击和越野滑雪）、冬季远足、滑冰、雪橇、攀冰等。

（2）夏季活动

夏季活动包括远足、教育路径、骑山地车和电动自行车、登山、坐铁索、攀登、骑小型摩托车、越野跑或山地跑、网球、钓鱼等。

（3）年度活动

年度活动包括治疗和冥想、滑翔伞、健身、彩弹射击、游乐场、普拉提、参观博物馆等。其中，参观博物馆包括到伊沃伦博物馆了解伊沃伦文化遗产和传统。

除各种室内和户外活动外，埃沃莱讷提供各种类型的住宿，包括酒店、小木屋、公寓、避难所、露营地、团体住宿等，为不同需求的游客提供各种选择。

（六）日本最美小镇

“日本最美丽村庄”联盟成立于2005年，有7个城镇和村庄。日本以“法国最美乡村”运动为例，在保护日本农业、山地、渔村景观和文化的同时，开始了建设日本最美丽小镇的活动。目前，日本已经有56个最美小镇。

1. 美瑛町

美瑛町位于北海道第二大城市旭川市和富良野市之间，森林面积占70%，农业用地占15%，是以马铃薯、小麦、葡萄、豆类等旱作为主的农业城镇，农业活动造就了“山城美瑛”的美丽风景。为了将这片美丽的风景传给后代，2003 年该镇制定了《保护和培育美瑛町美丽风景的条例》，2015 年制定了《美瑛町景观规划》。此外，该镇还制定了《共同创造舒适美瑛町的条例》，全面推进城镇的建设。

美瑛町的特色主要包括以下两个方面。

（1）美瑛之丘和蓝色池塘

位于大雪山十胜岳山脚下的丘陵中的农业景观和由平缓的曲线营造出的耕地景观共同构造出美瑛町美丽的乡村景观，这一景观已成为“山城美瑛”的旅游资源。近年来，美瑛町大力推进停留型和交流型旅游，正在推动旅游产业与农业相结合的区域性发展。

（2）美瑛软石

美瑛软石广泛用作建筑材料。由美瑛软石打造的美瑛车站大楼于 1988 年进行了整修，该车站被选为“家乡百佳车站”之一。此外，由于当地的建筑协议，该车站前的商业区建筑物前腰部都使用了美瑛软石，其成为独特的城市景观的一部分。

2. 智头町

智头町位于鸟取县的东南部，其西部和南部与冈山县接壤。小镇 90%以上的面积是森林，绿色植物遍布各处。江户时代，智头町便是县内最大的驿站，除了领主驻足的茶馆外，智头町还有县令厅和售票处。这是一座充满历史文化的小镇。

智头町的特色主要包括以下三个方面。

（1）以石谷住宅为中心的智头旅馆

位于智头町中心的石谷家是一组建于 1918—1945 年的建筑群，由当地木匠田中力三担任设计师。其已向公众开放，拥有约 40 间客房，是大型现代日式建筑，2010 年被登记为国家重要文化遗产。

（2）足津谷

足津谷由落叶阔叶原始森林和天然杉树混合而成，是一座宏伟的森林。这里也是拥有县内第一个基地认证的“森林疗法”的区域，游客可以在导游的指导下参观该区域。

（3）板原村

2004年1月，板原村被列为鸟取县传统建筑群保存区域，村内约有110座传统建筑，其中大部分是明治时代至大正时代的建筑。这些传统建筑与村落周围的森林、村落中散落的田野形成美丽景观。

3. 东白川村

东白川村位于岐阜县东部，被海拔1000米的群山环抱，90%的面积为森林，其中73%的人工林种植着东白川村引以为豪的品牌——“远野桧木”。白河是村名的由来，白河东西向贯穿村中心，村落分布在白河及其支流沿线。

东白川村的特色主要包括以下两方面。

（1）白河茶文化

白河茶是一种绿茶，曾10次获得农林水产大臣奖、天皇杯和日本农业奖。白河茶是在昼夜温差大的陡峭山区栽培的，是村民在极端地区精心保护和培育的茶叶。山村采茶是春天村里的传统。

（2）远野桧

“远野桧木”是坚韧、具有黏性、香气清爽的建材。远野桧是东白川村的特产。

4. 上岛町

上岛町位于连接神户市和下关市的濑户内海的中心，方圆200千米。2004年10月1日，格町、池名村、岩木村、鱼岛村4个町村合并为上岛町。上岛町位于濑户内海国立公园地区，是“日本最美村庄”联盟的成员，被国土交通省选为“岛之宝百景”之一，被厚生劳动省评为“100个最佳海滩”之一。

上岛町的特色主要包括以下两个方面。

（1）樱花名胜、濑户内海美丽的关前山

上岛町的居民祖祖辈辈都栽种樱花，从关前山展望台可以360度全方位欣赏濑户内海诸岛的全景。

（2）蓝色柠檬

上岛町居民在1975年左右开始种植柠檬，濑户内海的气候适合“蓝柠檬”种植，柠檬是上岛町的象征。

5. 清里町

清里町位于北海道东部，在日本100座名山之一的斜里山脚下，拥有日本最清澈的溪流之一“斜里川”、神秘的湖泊“摩周湖”、据说是地下水涌出形成的“上小池”等丰富的水资源。同时，清里町是拥有国家公园等旅游资源的小镇。

清里町的特色主要包括以下三个方面。

（1）防风林乡村景观

在斜里山脚下绵延的壮丽农田中，有国有防风林和为保护农田与房屋免受风雪侵袭而由每个农民种植的防风林。

（2）水资源和森林资源

清里町的自然景观、工业和生活，与日本最干净的斜里河孕育的丰沛水源相伴而生。斜里秀峰山积蓄的水资源，造就了摩周湖、上小池、押鹿泷等风景名胜，涌现出的温泉遍布全镇，吸引了许多游客。此外，由斜里山特产马铃薯和地下水制成的“马铃薯烧酒”是日本最受欢迎的地方品牌产品。

（3）循环农业

清里町为了有效利用当地资源，发展将陆地农业、畜牧业和食品加工业紧密联系起来的循环型农业。在耕地中，堆肥、绿肥作物和小麦罐头（收获的残渣）等有机物质被利用。此外，淀粉厂的深度曝气处理水作为液体肥料返回田间。在畜牧业领域，人们以旱地农民的小麦罐头作为垫料，以食品加工厂的淀粉饼、甜菜浆等加工副产品作为饲料。

6. 椎叶村

椎叶村位于宫崎县西北部的九州中部山区，人口3130人，面积

537.35 平方千米。人们能在四季交替中感受自然美景。自古以来，椎叶村就有一种被称为“卡特里”的互助精神，这是保护田野、森林和文化的基础。

椎叶村的特色主要包括以下三个方面。

（1）椎叶神乐

神乐在椎叶村的 26 个地区流传，其被指定为国家重要的无形民俗文化遗产。神乐的特点是传达了山地狩猎和烤田文化元素。

（2）刀耕火种

砍伐林地后，第一年种荞麦，第二年种小米，第三年种红豆，第四年种大豆。培养 4 年后，再静置 20 年左右，等待土壤肥力恢复。这是日本自古流传下来的一种耕作方法，通过循环森林和农田，消除连作障碍，不使用化肥或农药，永久利用自然。焚烧时，将三木清酒献给山神并唱“焚烧之歌”的仪式依然庄严传承，对自然的敬畏和崇敬的精神也得以保留。为了保护这种珍贵的耕作方法，当地让小学生进行实践学习。

（3）山村景观

利根川和大久保村是许多“椎叶式”单排平房的所在地。由于住宅用地、农田、道路建在斜坡上，各地都使用了石墙和楼梯，形成了与陡峭山谷自然重叠的美丽山村景观。1998 年，这里被指定为国家重要的传统建筑保护区。

7. 三岛町

三岛町是位于福岛县西部的山城，周围分布着 18 个村庄，冬季是大雪区，积雪量可超过 2 米。三岛町是“会津泡桐”的产地，镇上栽满了泡桐，一到春天泡桐就开出淡紫色的花朵，令人赏心悦目。三岛町独有的民俗器具制作工艺被继承下来。

三岛町的特色主要包括以下两个方面。

（1）生活工艺品

“生活工艺品”是指日本的一些日常生活中的工具，其大多是用山葡萄藤等材料以传统技术制作的，这些工艺品是日本的传统工艺品。制作工艺品的工人大多为老人，他们在从事农活的同时在自己的作坊里制作这些生活工艺品。

（2）民俗活动

三岛町的民俗活动包括“昆虫喂养”“鸟追逐”和“Hina Nagashi”等。这些民俗活动传递着庄严、敬业的精神文化。

附件 1

ICS 03.200
A 02

T

团 体 标 准

T/MBVC0001-2022

最美小镇评定规范

Assessment specification for the most beautiful villages in China

2022-××-××发布 2022-××-××实施

×××××× 发 布

目　次

前言 ………………………………………………………………………… 174
1　范围 ……………………………………………………………………… 175
2　规范性引用文件 ………………………………………………………… 175
3　术语和定义 ……………………………………………………………… 176
4　资格标准 ………………………………………………………………… 176
5　一般标准 ………………………………………………………………… 177
6　扣分事项 ………………………………………………………………… 180
7　评定程序 ………………………………………………………………… 181
附录 A　…………………………………………………………………… 182
附录 B ……………………………………………………………………… 183
参考文献 …………………………………………………………………… 201

前　言

本标准按照 GB/T 1.1-2009 给出的规则起草。

本标准由中国旅游协会最美小镇分会提出并归口。

本标准起草单位：中国旅游协会最美小镇分会、北京联合大学旅游学院、清华大学。

本标准主要起草人：方忠权、涂卫东、岳洋、刘婧、孙潇潇、乔向杰。

1　范围

本标准规定了最美小镇评定的术语和定义、资格标准、一般标准、扣分事项与评定程序。

本标准适用于中国最美小镇的考核评定。

2　规范性引用文件

下列文件对于本文件的应用是必不可少的。凡是注日期的引用文件，仅注日期的版本适用于本文件。凡是不注日期的引用文件，其最新版本（包括所有的修改单）适用于本文件。

GB 2894 安全标志及其使用导则。

GB 3095 环境空气质量标准。

GB 3096 声环境质量标准。

GB 3838 地表水环境质量标准。

GB 8978 污水综合排放标准。

GB 9663 旅店业卫生标准。

GB 9664 文化娱乐场所卫生标准。

GB/T 10001.1 公共信息图形符号第 1 部分：通用符号。

GB/T 10001.2 标志用公共信息图形符号第 2 部分：旅游休闲符号。

GB/T 10001.9 标志用公共信息图形符号第 9 部分：无障碍设施符号。

GB 13495 消防安全标志。

GB/T 14308-2010 旅游饭店星级的划分与评定。

GB 16153 饭馆（餐厅）卫生标准。

GB/T 16767-2010 游乐园（场）服务质量。

GB/T 16868-2009 商品经营服务质量管理规范。

GB/T 18971 旅游规划通则。

GB/T 18973-2016 旅游厕所质量等级的划分与评定。

GB 19085 商业、服务业经营场所传染性疾病预防措施。

GB/T 26354-2010 旅游信息咨询中心设置与服务规范。

GB/T 31384-2015 旅游景区公共信息导向系统设置规范。

GB 50188-2007 镇规划标准。

《村镇规划编制办法》（建设部〔2000〕36 号）

3 术语和定义

下列术语和定义适用于本标准。

最美小镇 the most beautiful villages

具有建筑遗产、文物古迹、农业文化遗产或传统文化等历史文化资源，文化遗产得到保护和合理利用，文化价值明显提升，景观风貌和人居环境优美，旅游公共服务设施完善，生态宜居、乡风文明、主客共享、充满活力的村、镇、城等地域单元。

4 资格标准

只有满足以下要求的小镇，才有资格参加候选。

a） 具有建筑遗产、文物古迹、农业文化遗产或传统文化等历史文化资源。

b） 小镇人口在 10 万人以下。若小镇的总人口超过 10 万人，候选小镇各要素综合评分进入前 10%以内可由协会评审委员会酌情判定。

c） 游客综合满意度达到 85%以上。

5　一般标准

5.1　遗产的品质和保护利用

5.1.1　有一定数量和等级的物质或非物质文化遗产。

5.1.2　有文化遗产保护规划、保护措施及专项保护经费。

5.1.3　文化遗产得到充分挖掘和科学保护。

5.1.4　非物质文化遗产得到活态传承与展示。

5.1.5　形成独特的文化标识，与产业融合发展，形成文旅融合产品。

5.2　小镇规划建设

5.2.1　有小镇发展规划和旅游发展规划，规划编制实现多规合一，旅游规划符合本地“国土空间规划”的要求。

5.2.2　各类规划项目建设符合旅游规划通则（GBT 18971-2003）、镇规划标准（GB 50188-2007）的要求。

5.2.3　小镇的各类规划能得到较好的落实。

5.2.4　小镇周边环境和各入口环境质量优良。

5.2.5　传统建筑得到充分保护与修复，建筑的文化、历史内涵得到充分体现。

5.2.6　建筑物在结构体积、装饰材料、色彩等方面具有和谐、协调性。

5.3　人居环境

5.3.1　小镇整体格局和风貌具有典型特征，并与周边自然环境相协调。

5.3.2　建筑风格和色彩彰显传统文化与地域特色。

5.3.3　环境优美，干净整洁，无乱搭、乱建现象。

5.3.4　森林、湿地和生态脆弱区等特殊生态系统得到有效保护；没有破坏自然景观和人文景观、违章建设、乱砍树木、捕猎珍稀动物等行为发生。

5.3.5　水、大气、噪声等污染得到有效控制并达到规定标准。其中：空气质量达到 GB 3095-1996 的一级标准；噪声质量达到 GB 3096-1993 的一类标准；地面水环境质量达到 GB 3838 的规定；污水排放达到 GB 8978 的规定。

5.3.6　对垃圾进行分类收集，集中进行无害化处理。垃圾清扫及时，日产日清。

5.3.7　客房卫生条件符合 GB 9663 要求，餐饮场所卫生条件符合 GB 16153 要求，文化娱乐场所卫生条件符合 GB 9664 要求。

5.3.8　有医院或医务室，配备必需的医疗设施和医护人员，提供简单的医疗救护服务。

5.3.9　有严格的卫生消毒设施与消毒制度，按照 GB 19085 的相关规定预防传染性疾病的产生并控制其传播。

5.4　旅游设施与服务

5.4.1　给排水、供电、通信、供热、燃气、垃圾、防灾、减灾等基础设施完备，能满足生产、生活和旅游的需要。

5.4.2　住宿设施能满足不同类型游客的过夜需求，整洁卫生、明码标价、服务精细。

5.4.3　餐饮场所能提供多样化、有地方特色或民族特色风味的餐饮服务，餐饮环境整洁、卫生，管理规范，服务热情周到。

5.4.4　购物场所环境整洁、秩序良好、货真价实、明码标价、服务规范，有能充分体现当地物产和文化的农副土特产品、民间工艺品、旅游纪念品和文创商品等。

5.4.5　能提供特色突出、类型丰富、互动性强、深度体验的户外及室内休闲娱乐产品。

5.4.6　外部交通设施完善，可进入性良好。

5.4.7　内部交通布局合理、顺畅，沿途整洁，景观良好。有适合游客和当地居民休闲需求的慢行系统或绿道体系。

5.4.8　配有专用停车场，且布局合理，与景观环境相协调，容量满足需求。

5.4.9　旅游咨询服务中心（站、点）覆盖游客集中区域，位置合理，设施、功能齐备，配有专职服务人员，设置与服务规范符合 GB/T 26354—2010 的要求。

5.4.10　有规范的旅游导览标识系统，各类中英文标识牌应内容准确，文字规范，醒目美观，与景观环境相协调。公共信息图形符号清晰，符合 GB/T 10001.1、GB/T 10001.2 和 GB/T 10001.9 的要求。

5.4.11　旅游厕所分布合理，管理规范。游客集中区域的旅游厕所全部达到 GB/T 18973-2016 中 A 级旅游厕所的要求。

5.5　智慧旅游

5.5.1　有可对游客开放的免费 Wi-Fi。

5.5.2　有完善的智慧化管理系统、智慧化服务系统、智慧化营销系统。

5.5.3　有智慧化旅游厕所。

5.5.4　有智慧化停车场。

5.6　旅游安全保障

5.6.1　有旅游安全管理机构，有完善的旅游安全管理制度和安全应急预案，建立有定期与不定期的安全检查、预演、监督和及时报告制度。

5.6.2　定期组织安全知识培训和消防、急救等各项安全演练，能及时采取防灾、减灾和救灾措施。

5.6.3　有安全视频监控体系，实现人流、车辆、位置、环境等关键节点的全域全程全时可视化监控。

5.6.4　交通、机电、游览、娱乐等设施设备完好，无安全隐患，游乐园（场）安全和服务质量达到 GB/T 16767 的要求。

5.6.5　危险地带有安全防护设施，中英文安全警示明显，安全标志应按 GB 2894 的要求设置。

5.7 综合管理

5.7.1 有健全的管理机构和各项管理制度，具备旅游监督管理与综合执法职能。

5.7.2 有避免由旅游引发的对居民传统生活方式产生不良影响的游客管理措施。

5.7.3 投诉渠道畅通。有 12301 智慧旅游服务平台、12345 政府服务热线以及手机 App、微信公众号、热线电话等投诉举报手段。咨询中心（站、点）均设有旅游投诉点，投诉处理制度健全。

5.8 旅游经济发展

5.8.1 有稳定的客源和旅游收入，旅游经济效益良好。

5.8.2 吸纳本地劳动力就业、促进居民增收方面效益明显。

5.8.3 社区居民态度良好，有文明友善的风气，积极参与旅游业发展。

5.8.4 有多种旅游融合业态，融合业态具有可持续性和示范性。

5.9 旅游创新

5.9.1 有小镇文化遗产保护和利用政策措施创新。

5.9.2 有旅游融合业态创新，特色鲜明、科技感强、生态性好。

5.9.3 有旅游经营模式创新。

5.9.4 有旅游富民方式创新。

5.9.5 有国际旅游交往创新。

6 扣分事项

6.1 近三年发生旅游安全生产责任事故，处理不及时，造成不良影响。

6.2 近三年发生旅游投诉、旅游负面舆情、旅游市场失信等市场秩序问题，处理不及时，造成不良影响。

6.3　近三年发生资源环境破坏事件，处理不及时，造成不良影响。

7　评定程序

7.1　候选小镇向分会提交书面申请和必要的申报材料，提交的所有申报材料需信息真实、准确。申报材料可由候选小镇自主提交，也可委托本分会认可的专业机构整理申报。申报材料包括以下几项：

a）最美小镇申请表 2 份（见表 A.1）；

b）小镇基本情况介绍材料 1 份（1500 字左右）；

c）反映小镇概况和主要特色的宣传片 1 份（不超过 10 分钟）；

d）由第三方出具的游客满意度报告。

7.2　专家组考察候选小镇，按照《最美小镇评定规范》附录 B 的评分表进行现场评估，评分表总分为 1000 分，"最美小镇"达标最低得分为 800 分。专家组考察需要做到：

a）与候选小镇负责人及专家组遴选的其他相关人员进行访谈；

b）对小镇的考察应形成评估报告，报告内容需翔实、准确，应包含文字、图片、多媒体等多种内容。

7.3　协会评审委员会对专家组的考察报告进行审议，并对候选小镇的申请做出决定。

a）候选小镇符合本标准的要求，同意列入最美小镇名录（不排除为了进一步提升品质而给出任何意见或建议）。

b）候选小镇不完全符合本标准的要求，但评审委员会认为小镇的整体质量能够得到提升，并在一定期限内能达到评估的要求，则启动指导程序，可由评审委员会或协会认可的专业机构对候选小镇进行指导，指导期结束后重新提交评估报告。

c）候选小镇不符合本标准的要求，则不同意列入最美小镇名录，将拒绝理由书面回复给候选小镇。

7.4　经过验收评定符合最美小镇标准的，由中国旅游协会最美小镇分会评定机构命名公告，并颁发证书和标牌。

附录 A
（规范性附录）
最美小镇申报表

表 A. 1　最美小镇申报表

申报单位名称				单位性质	
负责人		职务		电话	
联系人		职务		电话	
通信地址				邮箱	
申报小镇 自测评分					

申报小镇基本情况简介：

阐明小镇地理位置、面积、气候环境、交通条件、常住人口、年接待游客数量，按星级酒店、精品酒店、快捷酒店和民宿分类床位数，旅游过夜人数，餐位数，主要建筑风格，列入政府保护名录的物质文化遗产与非物质文化遗产的级别和数量，地域特色和风土人情，文化和旅游特色，主要经济发展模式等情况。

申报单位盖章：

年　　月　　日

附录 B
（规范性附录）
最美小镇评分细则

B.1　评分说明

本细则共分为两个部分。

细则一：最美小镇综合评分细则。

细则二：游客意见评分细则。

B.2　细则一：最美小镇综合评分细则

说明如下：

1. 细则一包括基本项和扣分事项，基本项总分 1000 分，扣分事项总分 90 分。

2. 基本项包括遗产的品质和保护利用（150 分）、小镇规划建设（130 分）、人居环境（170 分）、旅游设施与服务（180 分）、智慧旅游（90 分）、旅游安全保障（90 分）、综合管理（60 分）、旅游经济发展（60 分）和旅游创新（70 分）九个方面。

3. 扣分事项包括旅游安全生产事故（30 分）、旅游投诉或旅游负面舆情（30 分）和资源环境破坏事件（30 分）三个方面。

4. 达到“最美小镇”荣誉称号的要求为：评审总得分 800 分以上，且各大项得分值不低于该单项总分值的 60%。

细则一　计分总表

序号	项目分类	最高得分	评定得分
1	遗产的品质和保护利用	150	
2	小镇规划建设	130	
3	人居环境	170	

续表

序号	项目分类	最高得分	评定得分
4	旅游设施与服务	180	
5	智慧旅游	90	
6	旅游安全保障	90	
7	综合管理	60	
8	旅游经济发展	60	
9	旅游创新	70	
10	扣分事项		
	总分	1000	

细则一　最美小镇综合评分细则

序号	评定项目	评定方法与说明	最高得分	实际得分
1	遗产的品质和保护利用		150	
1.1	文化遗产的等级与数量		60	
1.1.1	文物数量与等级		30	
1.1.1.1	文物保护单位数量	1处2分，每增加1处增加2分	8	
1.1.1.2	文物保护单位最高等级	县市级1分；省级3分；国家级5分；世界文化遗产10分	10	
	市、县政府公布的登记不可移动文物数量	3处1分，每增加2处增加1分	8	
1.1.1.3	尚未核定公布为文物保护单位的不可移动文物数量	3处1分，每增加2处增加1分	4	
1.1.2	市、县政府公布的历史建筑数量	10处1分，每增加5处增加1分	10	
1.1.3	非物质文化遗产数量与等级		20	
1.1.3.1	传统节日、传统手工艺、传统农业生产经验和特色传统风俗类型，以及源于本地，并广为流传的诗词、传说、戏曲、歌赋的数量	2个1分；每增加2个增加1分	10	

续表

序号	评定项目	评定方法与说明	最高得分	实际得分
1.1.3.2	非物质文化遗产等级	国家级 10 分，省级 5 分，市级 2 分	10	
1.2	文化遗产保护		50	
1.2.1	有小镇文化遗产保护规划		5	
1.2.2	有小镇文化遗产保护政策、措施		5	
1.2.3	有小镇文化遗产保护专项经费	≥50 万得 10 分，10 万~50 万得 5 分，≤10 万得 1 分	10	
1.2.4	传统文化得到充分挖掘、整理、记录	文档检查	5	
1.2.5	各类历史文化遗产（包括古建筑、古树名木、农业文化遗产等）得到科学、妥善的保护，有保护记录和档案		10	
1.2.6	地方传统特色文化（包括地方戏剧、传统工艺、饮食、民俗等）得到较好保护		5	
1.2.7	有效预防自然和人为破坏，保持自然景观与文物古迹的真实性和完整性		10	
1.3	文化遗产价值提升		40	
1.3.1	非物质文化遗产得到活态传承		5	
1.3.2	形成独特的文化标识，与产业融合发展，形成文旅融合产品	每个文旅融合产品得 2 分	5	
1.3.3	优秀传统文化在经济发展和社会管理中得到充分弘扬		5	
1.3.4	公共文化传播方式方法丰富有效	根据传播方式的多样性和有效性打分	5	
1.3.5	具有能够体现当地文化特色，特别是戏剧、民间游戏、礼仪、传说、故事等内容，反映小镇主题的节事、演艺、科普教育等文化旅游活动	有常态性的具有国际影响的传统节庆活动 5 分，国内影响 3 分，区域影响 1 分	5	

续表

序号	评定项目	评定方法与说明	最高得分	实际得分
1.3.6	有长期或临时举办文化活动的场所及相应组织机构		5	
1.3.7	有现存的非物质文化技艺及展示体验服务		5	
1.3.8	能够提供具有地方特色的文化和景观体验		5	
2	小镇规划建设		130	
2.1	规划发展		80	
2.1.1	有政府批准的小镇发展规划		10	
2.1.2	有评审通过的旅游发展规划		5	
2.1.3	各类规划项目建设符合旅游规划通则（GBT 18971—2003）、镇规划标准（GB 50188—2007）的要求		5	
2.1.4	规划编制实现多规合一，旅游规划符合本地“国土空间规划”的要求		10	
2.1.5	编制规划过程中，有征询社区居民意见	通过现场访谈进行调查	7	
2.1.6	土地利用集约节约，旅游用地布局紧凑合理	文档检查	5	
2.1.7	小镇发展规划及小镇发展政策的质量	检查规划实施效果和落实程度	8	
2.1.8	小镇周边环境和各入口环境质量		5	
2.1.9	道路网的规模和路径的多样性		5	
2.1.10	传统建筑的保护与修复质量		10	
2.1.11	建筑的文化、历史内涵		5	
2.1.12	小镇历史街巷的规模		5	
2.2	建筑特征	现场检查，发现1处不协调扣1分	50	
2.2.1	建筑物结构、体积的和谐协调		10	

续表

序号	评定项目	评定方法与说明	最高得分	实际得分
2. 2. 2	屋顶使用材料的和谐协调		5	
2. 2. 3	屋顶使用颜色的和谐协调		5	
2. 2. 4	建筑物外墙材料的和谐协调		5	
2. 2. 5	外墙颜色的和谐协调		5	
2. 2. 6	存在小型遗产并具有多样性		10	
2. 2. 7	具有标志性的装饰元素		10	
3	人居环境		170	
3. 1	小镇风貌		50	
3. 1. 1	空间布局与周边自然环境相协调		10	
3. 1. 2	整体格局和风貌具有典型特征		10	
3. 1. 3	核心保护区风貌的完整性	空间格局保持较为完整，传统功能尚在	10	
3. 1. 4	建筑风格和色彩彰显传统文化与地域特色		10	
3. 1. 5	建筑与周边自然环境的和谐度		10	
3. 2	环境要求		70	
3. 2. 1	有生态环境保护制度和保护措施，有污水和垃圾回收处理设施与措施		5	
3. 2. 2	环境优美，干净整洁，无乱搭、乱建现象	发现一处不合格扣1分	6	
3. 2. 3	公园绿地贴近生活、贴近工作	公园绿地主要分布在生活区和工作区附近	5	
3. 2. 4	绿化覆盖率高，重点公共区域的绿化效果良好	绿化覆盖率在10%、20%、30%以上分别得1分、2分、3分	5	
3. 2. 5	植被、花卉和景观美化处理		5	
3. 2. 6	公共照明的美化处理		3	
3. 2. 7	广告和商家店面招牌有管控与处理		5	

续表

序号	评定项目	评定方法与说明	最高得分	实际得分
3.2.8	空中高架电缆、电线安置的美观性		3	
3.2.9	采用清洁能源的设施、设备		5	
3.2.10	旅游服务设施采用节能环保型材料		3	
3.2.11	使用低排放和利用清洁能源的交通工具，或使用具有地方特色的传统交通工具		5	
3.2.12	森林、湿地和生态脆弱区等特殊生态系统得到有效保护；没有破坏自然景观和人文景观、违章建设、乱砍树木、捕猎珍稀动物等行为发生		5	
3.2.13	河、湖、渠已全面整治改造，水体环境质量达到相应标准；水体沿岸绿化良好、具有特色，已形成绿化景观		5	
3.2.14	镇内无污染源企业，生活垃圾无害化处理率超过85%，污水集中处理率达到80%以上；镇内饮用水水质达标率超过95%		5	
3.2.15	水、大气、噪声等污染得到有效控制并达到规定标准。其中：空气质量达到GB 3095—1996的一级标准；噪声质量达到GB 3096—1993的一类标准；地面水环境质量达到GB 3838的规定；污水排放达到GB 8978的规定		5	
3.3	卫生要求		50	
3.3.1	垃圾站（箱、筒）外观与环境相协调，分布合理，数量适当	发现一处有明显不足，扣1分	6	
3.3.2	对垃圾进行分类收集，集中进行无害化处理。垃圾清扫及时，日产日清		7	

续表

序号	评定项目	评定方法与说明	最高得分	实际得分
3.3.3	客房卫生条件符合 GB 9663 要求		6	
3.3.4	餐饮场所卫生条件符合 GB 16153 要求		6	
3.3.5	文化娱乐场所卫生条件符合 GB 9664 要求		6	
3.3.6	有严格的定期检查和抽查制度，并有严格的管理制度和奖惩机制		6	
3.3.7	有严格的卫生消毒设施与消毒制度，按照 GB 19085 的相关规定预防传染性疾病的产生并控制其传播		7	
3.3.8	有针对公共卫生（尤其是传染病）的宣传、教育和预防措施		6	
4	旅游设施与服务		180	
4.1	旅游基础设施		30	
4.1.1	给排水、供电、通信、供热、燃气、垃圾、防灾、减灾等基础设施完备，能满足生产、生活和旅游的需要		5	
4.1.2	自来水入户普及率达到90%以上，供水设施运行良好，水质、水量符合标准，满足生产、生活、旅游服务需求		5	
4.1.3	镇区、村庄主次道路、公共场所和集中居住区有排水管渠设施，排水管渠通畅，雨水及时快捷排放		5	
4.1.4	供电设施完备，布局合理，满足生产、生活、旅游服务需求		5	
4.1.5	设立邮电服务网点，提供邮政及邮政纪念服务；能提供相应的电信服务，且通信设施布局合理，通信方便，线路畅通，标志规范、醒目		5	

续表

序号	评定项目	评定方法与说明	最高得分	实际得分
4.1.6	供热、燃气设施可采用多种能源并举，鼓励使用太阳能、生物制气等天然能源和再生能源		5	
4.2	旅游配套设施与服务		60	
4.2.1	住宿		15	
4.2.1.1	住宿接待设施布局合理，体量适宜，容量与游客过夜需求相适应		3	
4.2.1.2	提供特色民宿、露营地、经济型酒店、主题酒店、星级酒店等类型多样的住宿设施		5	
4.2.1.3	住宿设施整洁卫生、明码标价、服务精细、绿色环保。客房和公共活动空间卫生舒适，符合 GB 9663 的要求		4	
4.2.1.4	星级饭店的设施和服务应符合 GB/T 14308—2010 的规定		3	
4.2.2	餐饮		15	
4.2.2.1	餐饮设施建设与周边整体环境相协调		3	
4.2.2.2	餐饮环境整洁、卫生，符合 GB 16153 要求		3	
4.2.2.3	有集中提供地方美食的特色餐饮街区、休闲夜市等	每有 1 处得 2 分，最高得 4 分。现场检查发现特色餐饮街区特色不足、服务不好则酌情扣分	4	
4.2.2.4	能提供多样化、有地方特色或民族特色风味的餐饮服务	每获得 1 个国家级特色餐饮（店）品牌称号得 3 分，1 个省级特色餐饮（店）品牌称号得 2 分，最高得 3 分	3	
4.2.2.5	管理规范，菜品货真价实、明码标价，有中英文标注，服务热情周到		2	

续表

序号	评定项目	评定方法与说明	最高得分	实际得分
4. 2. 3	购物		15	
4. 2. 3. 1	购物场所布局合理，建筑造型、色彩、材质与环境相协调	发现1处不当扣1分	3	
4. 2. 3. 2	购物场所环境整洁，秩序良好，服务规范，无围追兜售、强买强卖现象，符合GB/T 16868—2009的规定	发现1处不当扣1分	5	
4. 2. 3. 3	有能充分体现当地物产和文化的农副土特产品、民间工艺品、旅游纪念品和文创商品等		3	
4. 2. 3. 4	商品安全卫生、定价合理、货真价实、明码标价		4	
4. 2. 4	休闲娱乐		15	
4. 2. 4. 1	在广场等游客集中地带设置休憩空间，休憩区域周边宜配置书报亭、饮品店、座椅、垃圾箱及绿化景观等		3	
4. 2. 4. 2	能提供特色突出、类型丰富、互动性强、深度体验的户外及室内休闲娱乐产品，包括但不限于运动、研学、养生等类型	每个产品1分	4	
4. 2. 4. 3	根据小镇主题特色，有夜游类产品，如灯光艺术、美食夜市、文化演艺、特色住宿等类型	每个产品1分	3	
4. 2. 4. 4	为老人、儿童等特殊人群配备相应的老年活动区及儿童游乐设施		3	
4. 2. 4. 5	休闲娱乐产品容量适度，布局合理，管理规范，服务优良		2	
4. 3	旅游交通便捷服务		35	
4. 3. 1	外部交通		12	
4. 3. 1. 1	外部交通设施完善，可进入性良好		9	

续表

序号	评定项目	评定方法与说明	最高得分	实际得分
4.3.1.1.1	直达机场	直达机场距离中心城市（镇）在150千米以内的，得5分；150～200千米以内的，得3分；高于200千米的，得1分。最高得5分	5	
4.3.1.1.2	铁路、公路、港口等	有过境高速公路进出口、高铁停靠站、国际邮轮港口、旅游直升机场或开通旅游专列的得4分；有一般过境国道、客运火车站或客运码头的得2分；有其他省道的得1分。最高得4分	4	
4.3.1.2	外部交通方式快捷多样，外部综合交通网络体系完善		3	
4.3.2	内部交通		14	
4.3.2.1	提供类型多样、换乘便捷的内部交通方式，观光车、游船、共享交通工具等宜使用绿色清洁能源	每种方式得1分	3	
4.3.2.2	游览路线布局合理、顺畅，沿途整洁，景观良好		3	
4.3.2.3	有适合游客和当地居民休闲需求的慢行系统或绿道体系		2	
4.3.2.4	游步道设计与景观相协调，沿线合理设置观景平台、休憩设施、景观小品、环卫设施等公共服务设施		3	
4.3.2.5	有完善规范的交通引导标识系统，符合GB/T 31384的要求		3	
4.3.3	停车场		9	
4.3.3.1	配有专用停车场，且布局合理，与景观环境相协调，容量满足需求		3	

续表

序号	评定项目	评定方法与说明	最高得分	实际得分
4. 3. 3. 2	有季节性或高峰时段的停车管理方案		3	
4. 3. 3. 3	有生态停车场，主要景点停车场应设电动汽车充电桩		3	
4. 4	旅游公共信息服务		20	
4. 4. 1	旅游咨询服务		10	
4. 4. 1. 1	旅游咨询服务中心（站、点）覆盖游客集中区域，位置合理，标识醒目		4	
4. 4. 1. 2	设施、功能齐备，配有专职服务人员，业务熟练，服务热情，设置与服务规范符合 GB/T 26354—2010 的要求		4	
4. 4. 1. 3	能提供电话、网络、现场咨询等多种咨询方式，提供中英文咨询服务		2	
4. 4. 2	标识系统		10	
4. 4. 2. 1	有规范的旅游导览标识系统，各类中英文标识牌应内容准确、文字规范、醒目美观，与景观环境相协调。公共信息图形符号清晰，符合 GB/T10001. 1、GB/T 10001. 2 和 GB/T 10001. 9 的要求		4	
4. 4. 2. 2	在小镇各入口处显著位置设置全景图和小镇介绍。道路起止点、观景节点、休憩节点等应设置导览图，提供所在位置周边 500 米范围内的重要信息	全景图要正确标识出主要景点及旅游服务设施的位置，包括各主要景点、游客中心、厕所、出入口、医务室、公用电话、停车场等，并明示咨询、投诉、救援电话，少一项扣 1 分	3	
4. 4. 2. 3	标识系统应具有主题性和特色性，注重文化元素的应用和艺术化设计		3	
4. 5	旅游厕所		20	

续表

序号	评定项目	评定方法与说明	最高得分	实际得分
4.5.1	分布合理。主要游客集中场所步行10分钟，或旅游公路沿线车程30分钟内须设置旅游厕所或市政公厕	发现1处不符合要求扣1分	5	
4.5.2	管理规范。主要游客集中场所厕所设备须无损毁、无污垢、无堵塞；厕所无异味、无秽物。游客集中区域的旅游厕所全部达到GB/T 18973—2016中A级旅游厕所的要求	有异味或地面（池面）有秽物的，发现一处扣2分	10	
4.5.3	厕所建筑外观与环境相协调，积极建设第三卫生间		5	
4.6	旅游便民惠民举措		15	
4.6.1	推出旅游消费券、旅游卡、旅游年票等便民惠民举措		5	
4.6.2	出台老年人、残疾人等特殊群体景区门票优惠政策		5	
4.6.3	博物馆、纪念馆等公共旅游资源相继免费开放		2	
4.6.4	通信、邮政、医疗等服务设施旅游功能完善		3	
5	智慧旅游		90	
5.1	通信基础设施		10	
5.1.1	实现互联网接入、移动通信信号覆盖		5	
5.1.2	有可对游客开放的免费Wi-Fi		5	
5.2	智慧化系统建设		20	
5.2.1	智慧化管理系统建设	建有自动化办公系统或协同办公系统，实现视频及安全监控管理（消防、电子围栏等）、应急救援与指挥调度、日常游客进出流量监测，信息安全防护措施得当	7	

续表

序号	评定项目	评定方法与说明	最高得分	实际得分
5.2.2	智慧化服务系统建设	实现景区综合信息发布、互动体验、信息查询、紧急求助、投诉处置	7	
5.2.3	智慧化营销系统建设	景区建有门户网站，景区具有公众号、微博、抖音号等新媒体官方号，定期开展营销推广、发布景区动态	6	
5.3	组织慢直播和事件直播		10	
5.3.1	慢直播	10种以上得3分	3	
5.3.2	保持实时在线	在线率低于60%不得分，在线率达60%得2分，每增加5%得1分	3	
5.3.3	根据景区及地方特点每年定期举办事件直播	开展过得1分，每增1次加1分，最多得4分	4	
5.4	智慧导览系统		25	
5.4.1	导游、导览服务	能提供智能导游、电子讲解、实时信息推送、在线预订、网上支付等服务	8	
5.4.2	个性化导览服务	有针对自助旅游者的咨询、导览、导游、导航、分享评价、实时信息推送等智能化旅游服务系统	7	
5.4.3	小镇地理信息采集工作	配合开展地理信息采集工作、制作小镇名片数据、小镇语音介绍数据、采集小镇图像数据、景观全景图片	5	
5.4.4	人工智能技术应用	推动虚拟现实（VR）、增强现实（AR）等人工智能技术在旅游产品上的应用，为游客提供沉浸式体验	5	

续表

序号	评定项目	评定方法与说明	最高得分	实际得分
5.5	智慧旅游厕所建设		10	
5.5.1	智慧化改造或新建	全部完成厕所智慧化改造和建设任务得5分，完成80%以上得4分，完成60%以上得2分	5	
5.5.2	实现厕所环境监测	实现使用人数及坑位占用情况监测等功能	5	
5.6	智慧化停车场	实现车牌自动识别、停车场数据实时统计、停车场数据实时推送给旅游平台，支持无现金支付（免费停车场得2分）	10	
5.7	闸机与电子票务系统	开放式免费景区，得5分	5	
5.7.1	入园方式	实现扫码入园得2分，人脸识别入园得1分	3	
5.7.2	票务	落实门票优惠政策得1分，实现不限购得1分	2	
6	旅游安全保障		90	
6.1	有旅游安全管理机构，有完善的旅游安全管理制度和安全应急预案		9	
6.2	有定期与不定期的安全检查、预演、监督和及时报告制度		9	
6.3	定期组织安全知识培训和消防、急救等各项安全演练，及时采取防灾、减灾和救灾措施		9	
6.4	有完善的消防、救护等安全设备设施	设备等应齐备、完好、有效。发现一处不合格扣2分	9	
6.5	有医院或医务室，拥有必备的医疗设施和医护人员，提供简单的医疗救护服务		9	

续表

序号	评定项目	评定方法与说明	最高得分	实际得分
6.6	交通、机电、游览、娱乐等设施设备完好，无安全隐患，游乐园（场）安全和服务质量达到 GB/T 16767 的要求		9	
6.7	危险地带有安全防护设施，中英文安全警示明显，安全标志应按 GB 2894 的要求设置	包括安全护栏、水上拉网等应齐全和有效。发现一处不足或无效扣 3~5 分	9	
6.8	形成安全视频监控体系，实现人流、车辆、位置、环境等关键节点的全域全程全时可视化监控		9	
6.9	应设立依托包括短信、微博、微信等多种平台的旅游安全信息发布渠道，及时向游客发布警示信息和突发事件信息		9	
6.10	消防安全标志按 GB 13495 的要求设置		9	
7	综合管理		60	
7.1	旅游管理		40	
7.1.1	具有健全的管理机构和相应的管理职权，专业技术人员和管理人员配备合理		8	
7.1.2	旅游质量、旅游安全、旅游统计、旅游培训等各项管理制度健全有效，措施得力		8	
7.1.3	有旅游监督管理与综合执法职能		6	
7.1.4	制定相应的游客管理措施，避免由旅游引发的对居民传统生活方式产生的不良影响		6	
7.1.5	投诉渠道畅通。有 12301 智慧旅游服务平台、12345 政府服务热线以及手机 App、微信公众号、热线电话等投诉举报手段。咨询中心（站、点）均设有旅游投诉点，投诉处理制度健全		8	

续表

序号	评定项目	评定方法与说明	最高得分	实际得分
7.1.6	定期收集分析游客意见和建议，提高接待质量，改进旅游服务		4	
7.2	社会综合治理		20	
7.2.1	建立社区、居民、游客参与旅游发展和监管的渠道或平台，并形成常态化的参与机制		10	
7.2.2	社会治安综合管理队伍完整、措施得当、保障有力		10	
8	旅游经济发展		60	
8.1	应有稳定的客源和旅游收入，旅游经济效益良好	查询产值、税收等相关资料	10	
8.2	吸纳本地劳动力就业、促进居民增收方面效益明显	现场访谈	15	
8.3	社区居民态度良好，有文明友善的风气，积极参与旅游业发展	现场访谈	10	
8.4	宜有养生保健、康体医疗、研学旅行等多种旅游融合业态	每种业态得2分	10	
8.5	旅游融合业态具有可持续性和示范性	每得到1个国家级称号，如国家体育旅游示范基地、国家中医药旅游示范区（基地）、国家公共文化服务体系示范区等得10分；每得到1个省级称号得5分，最高得10分	15	
9	旅游创新		70	
9.1	有小镇文化遗产保护和利用政策措施创新		10	
9.2	有旅游融合业态创新，特色鲜明、科技感强、生态性好	每有1种融合业态创新得5分	15	
9.3	有旅游经营模式创新	有全国推广价值得10分，全省得5分	15	

续表

序号	评定项目	评定方法与说明	最高得分	实际得分
9.4	有旅游富民方式创新	旅游富民经验得到全国层面认可和推广的得10分，得到省级层面认可和推广的得6分	15	
9.5	有国际旅游交往创新		15	
10	扣分项			
10.1	近三年发生旅游安全生产责任事故，处理不及时，造成不良影响		-30	
10.2	近三年发生旅游投诉、旅游负面舆情、旅游市场失信等市场秩序问题，处理不及时，造成不良影响		-30	
10.3	近三年发生资源环境破坏事件，处理不及时，造成不良影响		-30	

B.3　细则二：游客意见评分细则

说明如下：

1. 对游客意见的评分，主要参考《最美小镇游客意见调查表》的得分情况。

2.《最美小镇游客意见调查表》由现场评定检查员在小镇员工陪同下，直接向游客发放，一般为30~50份，即时回收并统计。

3.《最美小镇游客意见调查表》的分发，应采取随机发放方式。原则上，发放对象应注意游客的性别、年龄、职业、消费水平等方面的均衡。

4. 游客综合满意度的计分方法。

（1）游客综合满意度总分为100分。

（2）计分标准。

①总体印象满分为20分。其中很满意为20分，满意为15分，一

般为 10 分，不满意为 0 分。

②其他 16 项每项满分为 5 分，总计 80 分。各项中，很满意为 5 分，满意为 3 分，一般为 2 分，不满意为 0 分。

（3）计分办法：先计算出所有《最美小镇游客意见调查表》各单项的算术平均值，再对这 17 个单项的算术平均值加总，作为本次游客意见评定的综合得分。如存在某一单项在所有调查表中均未填写的情况，则该项以其他各项（除总体印象项外）的平均值计入总分。

最美小镇游客意见调查表
QUESTIONNAIRE

尊敬的游客：

非常感谢您在珍贵的旅游过程中填好这份意见调查表。您的宝贵意见将作为最美小镇评定的重要参考依据。

谢谢您的配合支持，祝您旅游愉快。

中国旅游协会最美小镇分会

Dear guest：

We would be very grateful if you would take a few minutes to complete this questionnaire. Your comments will be taken as reference for the assessment of the most beautiful villages in China.

Thank you for your efforts，we hope you enjoy the tourism attraction.

The Most Beautiful Villages Branch of China Tourism Association

最美小镇健康生活目的地指标体系

调查项目	很满意	满意	一般	不满意
外部交通 Accessibility				
内部游览线路 Inner itinerary				

续表

调查项目	很满意	满意	一般	不满意
遗产品质 Heritage quality				
遗产保护 Heritage Protection				
整体风貌 Overall style				
路标指示 Signs for directions				
景物介绍牌 Introduction board				
导游讲解 Visiting guide				
服务质量 Service quality				
安全保障 Safety& Security				
环境卫生 Environmental hygiene				
厕所 Toilet				
住宿 Accommodation				
商品购物 Souvenir and shopping				
餐饮或食品 Food & Beverage				
旅游秩序 Public order				
总体印象 Overall impression				

参考文献

[1] 世界最美小镇联合会章程

[2] 中国最美小镇质量宪章

[3] 法国最美小镇协会的质量宪章

［4］法国最美小镇评选标准细则

［5］意大利最美小镇章程

［6］日本最美小镇协会质量宪章

［7］关于开展特色小镇培育工作的通知（建村〔2016〕147号）

［8］关于规范推进特色小镇和特色小城镇建设的若干意见（发改规划〔2017〕2084号）

［9］国家全域旅游示范区验收指标体系

［10］全国历史文化名镇（名村）评选和评价办法

［11］全国特色景观旅游名镇（村）示范导则

［12］中国历史文化名镇（村）评选办法

［13］中国历史文化名镇名村评价指标体系

［14］浙江省旅游风情小镇认定办法

［15］旅游景区质量等级评定与划分评定细则（GB/T 17775-2003）

［16］辽宁生态旅游小镇评定规范 DB21/T 2459-2015

［17］旅游休闲示范城市 LB/T 047-2015

［18］旅游特色街区服务质量要求 LB/T 024-2013

［19］海南省特色旅游风情小镇标准（征求意见稿）

［20］辽宁省乡村旅游示范村评定规范 DB21/T 2293-2014

［21］海南省旅游小镇认定标准 DB46T 450-2017

［22］陕西省特色旅游名镇评定规范（征求意见稿）

［23］安徽省旅游小镇评定规程 DB34/T 2764-2016

［24］北京旅游景区服务质量 DB11/T 473-2007

［25］北京旅游特色小镇设施与服务规范 DB11/T 1465-2017

［26］湖北省旅游名镇评定规范 DB42/T 1173-2016

附件2

法国最美小镇协会的质量宪章

1991年10月12日通过，于1998年4月25日及2019年3月30日修订。

条款1：宪章的目标

依据法国政府1901年7月1日通过的法律，法国最美小镇协会于1982年4月23日宣告正式成立。其所在地是位于科隆热·拉鲁热的市政府，其法定目标包含保护、推广和发展法国最美小镇。

自1991年2月13日起，法国最美小镇协会成为“法国最美小镇”标识的持有人。这一身份的确立是依据1964年12月31日通过的法律，并且在国家工业产权局（INPI）作了注册，注册号是1.659.572。“法国最美小镇”标识于2001年2月12日更新及延期，新注册号为013083572；并于2012年3月4日更新及延期，新注册号为12.3.910.527。现在的标识由文字名称和图形标志两部分组成。

1991年10月12日，在萨莱尔（康塔尔省）举行的会议上，本宪章经协会常务理事会一致通过，并于1998年4月25日在那雅克（阿韦龙省）经协会特别理事会会议及2019年3月30日在拉罗什吉永（瓦兹河谷省）经协会常务理事会会议修订，而且在章程正文后添加了附录，内容包含入会细则、使用和收回经注册的商标，附录是法国最美小镇协会接纳会员和排除会员的具体条件。

条款 2：加入方式

2.1 资格标准

只有满足以下要求的小镇，才有可能加入协会，并享受“法国最美小镇”的品牌荣誉。

2.1.1 乡村人口少于 2000 人。此数值由法国国家经济研究与统计研究所（INSEE）根据最近的普查结果（市政人口）进行核验；当地总人口超过 2000 人时，通过提供研究文件来证明候选建筑聚集区的乡村规模。第一项标准若不能满足，候选地将被排除在外。

2.1.2 拥有一处依各类法令条例证明的建筑遗产和（或）自然遗产。此遗产所在的城镇土地须有历史景点或著名遗产景点：已分级景点和（或）著名遗产景点；已登记景点；整体分级为受保护的建造元素；整体登记为受保护的建造元素；部分（分级或登记）为受保护的建造元素。

此第二项标准若不能满足，候选地将被排除在外。

2.1.3 针对所提供的遗产，其品质和价值要依据以下标准来进行评估。

a. 城市规划的质量。

——小镇周围及入口的规划质量；

——镇上建筑群的规模和密度；

——镇上建筑群的均匀性；

——交通网络规模及道路的多样性。

b. 建筑的质量。

——建筑容积的和谐性和均匀性；

——屋顶所用建材的和谐性和均匀性；

——屋顶颜色的和谐性和均匀性；

——外围立墙所用建材的和谐性和均匀性；

——是否存在小型遗产及其丰富程度。

2.1.4　通过以下评估标准来对小镇遗产的价值定位，开发、推广和活力再现采取的具体措施进行衡量。

a. 价值定位。

——具有城市规划文件并（或）掌握城市规划内容；

——城市规划文件或城市规划政策的质量；

——建筑装修质量；

——广告和招牌的安置；

——公共空间的设置；

——绿植、花卉情况及景观处理；

——对遗产元素的突出安排；

——对停车场的组织和管理；

——对交通流量的组织和管理；

——电力网络的处置；

——电话网络的处置；

——公共照明的美观效果。

b. 开发。

——了解日常游客人数；

——提供住宿和娱乐设施；

——具备工匠技艺或展示这种技艺的服务；

——具备商业贸易；

——参与社区建设。

c. 推广。

——有公众接待信息站；

——有提供参观导览的组织；

——有推广文件的编辑；

——建立导向路标和信息栏。

d. 活力再现。

——有室内的或户外的布置好的庆祝场所；

——组织原创性的高质量活动；

——组织长期或临时的展览。

各种评估标准，并不限定只能有以上 2.1.3 到 2.1.4 的内容，可以补充完善，使之更贴切。

2.2 调查步骤

满足以上标准的候选小镇，其入会调查步骤可以依据以下表述的常规流程来确定。

2.2.1 候选小镇（或已明确获得授权的城市机构）向本协会提交书面申请，这项要求是强制性的，同时要做到：

——申请成为法国最美小镇的一员的小镇议会审议报告；

——证明该小镇的领土上存在至少两个保护处所，包括历史古迹、遗址或著名遗产的所有文件的副本。

在此第一阶段，只有在候选小镇符合 2.1.1 和 2.1.2 要求的情况下，才进行申请审查。

2.2.2 专家访问候选小镇，比照 2.1.3 到 2.1.4 的标准对小镇现状进行评估。专家访问需要做到：

——与候选小镇市长的访谈，以及周围其他人的访谈；

——对小镇的详细访问要包含一份带有图片的访问报道。

2.2.3 质量委员会对专家的访问报告进行审议，并对候选小镇的申请做出决定。

2.2.4 把协会的决定以正式的书信方式寄给候选小镇。在任何情况下，协会都要明确阐述接纳该小镇成为会员的理由，或拒绝该小镇的理由。

条款 3：使用协会标识的方式

3.1 所有被确认具备入会资格的候选小镇，将通过加入宪章的方式，获得协会的正式接纳和授权。

3.1.1　在小镇的不同入口，放置带有“法国最美小镇”品牌名称和形象标志的标准化指示牌。

3.1.2　限小镇自己使用，以及镇上的非营利性组织使用（包括旅游协会、旅游局、庆典委员会），此命名和形象标识还可以出现在所有宣传资料上（折页图册、海报、传单、信纸抬头、信封、市政公告，以及各种加工制品等），条件是必须与受益的小镇严格相关。

这些命名和形象标识的再现不能改变字体笔法与优选颜色。

3.2　作为对这种授权的交换，小镇须每年向协会支付参会费，且并无其他任何财务方面的交换，为此小镇承诺如下。

3.2.1　继续努力，不断完善对辖区内现有历史遗产的保护、价值发掘、开发、推广和活力再现。

3.2.2　积极参与协会领导的活动，这些活动会使法国最美小镇整体受益。

3.2.3　依据每次协会大会确定的金额，每年向协会缴纳会费。

3.2.4　在不同的推广活动中使用“法国最美小镇”的命名和形象标识，特别是在小镇的各主要入口放置具有相同标识框架的写有“法国最美小镇”的标牌。

3.2.5　把来自辖区内不同服务供应商（旅馆、餐厅、各种旅游服务商、零售商、艺匠、各种制造商和服务提供商）的所有关于标识使用的请求转达给协会，只有提出合格请求的服务供应商才能获得标识使用权。

3.2.6　如果发现有未经授权就使用“法国最美小镇”标识的，或使用伪造标识的，要提请协会关注。

条款 4：退出标识使用的方式

4.1　如果满足以下条件，协会中的每个小镇和城市成员将持续享有“法国最美小镇”标识的使用权。

4.1.1　符合上述条款 2 中 2.1 的标准并已宣布获得入会许可。

4.1.2　明确做到上述条款 3 中 3.2 的要求，并且小镇市长已通过签署现行的协会宪章而书面确认接受其内容。

4.2　如果一个小镇或成员城市不再符合这些标准，或者已违反这些承诺，协会将采取措施撤销其资格直至被除名。

4.3　由主席签署的信件通知启动撤销和除名程序。信件以挂号信的形式寄给市政市长。从这个日期开始，市政府最多可以有 18 个月的时间来提出书面意见，并希望在严格遵守对抗性程序的情况下向质量委员会提出其论点。在此期间结束时，质量委员会决定对该村庄的最终降级。

4.4　撤销和除名会自动撤销市政府对“法国最美小镇”品牌的使用权。市政府可在最长 6 个月的时间里来撤除以任何形式出现的品牌名称和象征性标志（传单、海报、信笺等）。

4.5　所有入会的小镇成员要强制性地执行现行宪章的规定，并且排除以下情况的发生，即不能只是放弃使用“法国最美小镇”的标识，同时也不能按照自己的打算，创造一个可能与协会现有的命名和形象标志发生混淆的另一个命名和形象标志。此承诺同样适用于协会章程的条款 7.1，即在某些可以预见的情况下，小镇将由自己的领导做出退出本协会的决定。

条款 5：对标识使用的核查

5.1　协会针对每个加入并签署宪章的小镇保留核实或在任何时候进行核查的权力，以确认某个小镇是否持续达到了其入会时接受的质量标准，并遵守了基于现行宪章的承诺。

5.2　协会致力于在所有小镇会员中间维护自身的利益，这包括制止所有涉及标识欺诈的行为，以及涉嫌模仿和伪造的企图。

5.3　协会授权质量委员会执行以下项目。

5.3.1　对所有申请入会的小镇进行指导。

5.3.2　宣布候选小镇正式入会并授予它们“法国最美小镇”标识的

使用权。

5.3.3　利用所有关于核查的条款来检查入会标准的执行情况和形象标识的使用方式。

5.3.4　对不再满足入会标准及违反标识使用承诺的小镇撤销其资格并予以除名。

5.3.5　对每个被撤销资格并予以除名的小镇，依据现行宪章条款 4.4 的规定，在任何时候进行核查。

5.4　根据协会内部规章第 7.2 条，负责实施本章程的质量委员会最多由 28 名成员组成，其中包括：

- 最多 10 名一号学院的在职成员，不属于董事会；
- 最多 8 名办公室成员，包括协会主席；
- 最多 3 名董事会成员，不属于办公室；
- 最多 7 名会员代表三号学院。

条款 6：加入宪章（类型 1：候选小镇适用）

签字人＿＿＿＿＿＿＿＿＿＿，市长＿＿＿＿＿＿＿＿＿＿，小镇所在地＿＿＿＿＿＿＿＿＿＿。小镇接受法国最美小镇协会的初选公告，随后在＿＿＿＿＿＿＿＿＿＿此日期安排专家到小镇评估并由协会的质量委员会做出了如下结论＿＿＿＿＿＿＿＿＿＿＿＿＿＿＿＿＿＿＿＿（没有或持有如下保留意见＿＿＿＿＿＿＿＿＿＿＿＿＿＿＿＿＿＿）。

6.1　声明已获知晓，除协会章程外，还有此现行宪章。

6.2　声明在＿＿＿＿＿＿＿＿＿＿日期已获得市议会的授权来签署此文件（议事副本）。

6.3　承诺执行本文件中的所有条款，否则协会将依据上述条款 4 的规定，予以撤销资格并除名（同时撤销上述保留意见）。

条款 6：加入宪章（类型 2：再评估小镇适用）

签字人＿＿＿＿＿＿＿＿＿＿，市长＿＿＿＿＿＿＿＿＿＿，小镇所

在地______________，根据以下决定加入“法国最美小镇”。

——质量委员会（年/月/日）对市（省）质量委员会的决定（并附任何保留意见）。

6.1　声明已获知晓，除协会章程外，还有此现行宪章。

6.2　声明在__________日期已获得市议会的授权来签署此文件（议事副本）。

6.3　承诺执行本文件中的所有条款，否则协会将依据上述条款4的规定，予以撤销资格并除名（同时撤销上述保留意见）。

时间地点________________

协会　　　　　　　　　　　　　　　　　市政府

“法国最美小镇”主席　　　　　　　　　市长

附件 3

世界最美小镇联合会章程

于 2012 年 7 月 7 日在法国戈尔德小镇特别委员代表大会上审议通过。

第 1 条　联合会创立

是由该章程中提到的会员协会联合组建的国际性联合会，无营利性目的，本身属于协会性质并依据法国 1901 年 7 月 1 日颁布并于 1901 年 8 月 16 日实施的法律法规为标准而创立，名为“世界最美小镇”，法语及英文名如下：“Les Plus Beaux Villages de la Terre - The Most Beautiful Villages in the World”。

第 2 条　宗旨

联合会宗旨如下。

2.1　联合所有国家或区域现已成立或可能要成立的协会；为地方行政区域予以品牌标签，以农村为对象，并且该地区要拥有一个公认的建筑和自然遗产；支持该地方政府对当地文化、经济及社会发展实施的政策。

2.2　与会员国携手建立一个关于文化保护、文化增值和农村人口稀少地区发展的国际性参考网络。

2.3　通过长期经验和技术的交流，在当地人员参与的基础上，推行一个在这些地区管理和可持续发展上的典范，并确保维护该地的建筑、环境和非物质遗产。

2.4　开展所有推介和宣传活动，以提高公众舆论对这些农村地区衰退状况的重要认识；并从区域、国家和国际公共机构层面发起所有有关技术和财政方面的协助，以促进强化人类共同遗产的保护工作。

第3条　期限

联合会存在的期限为无限期。

第4条　总部

联合会总部设在法国克雷兹省克隆热·拉鲁热小镇，只有在理事会全体代表一致同意的情况下才可以把总部迁到法国的其他小镇上。

第5条　联合会内部结构

联合会由活跃成员国及准会员组成。

5.1　活跃成员国由国家或地区协会组成，这些协会满足第6条中所定义的入会标准并遵守宪章宗旨，并在按时交付年费的前提下拥有表决权。

5.2　准会员由自然人或法人组成，他们遵守宪章宗旨并希望为他们所规划的项目及行动做出贡献，拥有与会的参考发言权。

第6条　入会标准

6.1　活跃成员国

官方成立至少5年的所有国家或地区协会，并以“某某最美小镇”预先命名至少10个行政区域（小镇），或同类别的名称；并写信给联合会主席表示希望成为活跃成员国。经过审核并由理事会审议决定，该入会申请文件必须包括以下材料。

a. 一份由本国家当地部门提供的协会官方申报证明，证明上要标明协会成立的官方日期。

b. 候选协会已注册并登记的章程，并保证该章程宗旨与联合会的一致。

c. 现已实施开展或着手规划的项目方案及行动的策略介绍和总结。

d. 明确阐明其评选最美行政区域的标准，即使联合会把选择权全权交予每个国家或地区协会，但评选标准本身一定要保证质量、有独特性并具有公认的卓越性。

e. 宪章或任何其他等效文件，文件上需注明如果入选行政区域不保证以下措施的实施会失去品牌所带来的效益；比如，保护并提高其建筑、历史、非物质、自然和园林景观的遗产质量，并在此丰富的遗产框架下实施一项致力于加强、宣传和提升当地居民生活质量的政策；与此同时，促进其文化、经济和社会层面的产品与服务产业的发展。

f. 一份总结性文件，需说明阶段性复审时如何裁决入选的行政区域是否仍保留原资质。

g. 已入选小镇名单，需标明其申请入会日期。

6.2 准会员

所有自然人或法人，符合联合会章程宗旨及其法规即可联系理事会申请成为准会员，申请人需写动机信致联合会主席，再由其递交给理事会审批通过。

所有官方成立5年以下的最美小镇协会，符合联合会章程宗旨及其法规即可联系理事会申请成为准会员，申请方需写动机信致联合会主席并附上其协会官方注册登记的证明，再由联合会主席递交给理事会审批通过。

第7条 取消会员资格

7.1 活跃会员国

活跃会员国通过递交辞呈或被罢免除名，从而失去活跃会员国的资格。

a. 所有的辞呈都需由该会员国协会的主席签字，以挂号信并带回执的形式邮寄给联合会主席，再由理事会批准。

b. 在绝大多数成员的决定下，由理事会宣布罢免某一个协会成员；理由为不遵守该章程规定，未缴纳年费，连续两年未参与理事会会议，或者从广泛意义上讲，未遵守联合会的价值观及其理念。罢免通知由联合会主席签字，以挂号信并带回执的形式邮寄给被罢免国协会的主席。

7.2 准会员

准会员资质会通过自然人的死亡或法人资质的废除而被取消，可通过上述活跃会员国的递交辞呈或被罢免的方式来处理。

第8条 缴费

a. 活跃会员国。

每个活跃会员国依据每年理事会的决策来缴纳年费。对于每个活跃会员国，费用包括：

——固定金额；

——不固定金额，根据每个协会旗下所拥有的会员数量而定，数量上限为150个。

b. 准会员国。

准会员国也可能缴纳相应的年费，最低费用金额由理事会每年决定。

第9条 经费来源

联合会的经费来源如下。

a. 会员所缴纳的会费。

b. 所有国际、国家或地区公共机构拨发的补助金，用以资助符合其章程规定的项目，这些项目由其全部或一部分国际分支机构管理。

c. 可以自由授予的捐赠和遗产。

d. 由联合会自身的项目而产生的收益。

e. 赞助商或冠名商的法人或自然人给予的协助。

f. 注册品牌执照转让给第三方。

g. 提供服务后所收到的酬金。

第 10 条　普通委员会

10. 1　组成部分

普通委员会由上述章程中第 5 条所定义的成员组成，包括拥有表决权的活跃成员国及拥有与会参考发言权的准会员。

10. 2　职能权限

由联合会主席或受其委托的执行委员会其他人员主持普通委员会。

a. 在理事会每届换届后，都会在其第一次会议上审批提议的理事会及执行委员会人员。

b. 经过理事会审批，由执行委员会递交，普通委员会审查并批准联合会总政策纲要及账目收支和财务预算。

c. 审批分红金额及用于资助协会活动开展的经费。

d. 在尊重所表决的预算内，委托行政委员会实施已通过的政策，并确保长期的财务和技术监管。

10. 3　会议

由单封信函通知，信上要标明会议内容并于开会前至少 30 天发布通知，该信由联合会主席或受其委托的执行委员会其他人员签字，普通委员会可以在只有半数活跃会员国出席或其代表出席的情况下进行审议，只有活跃会员国具有表决权。

10. 4　委托代理权

在会议开始时会敲定委托权的数量，旨在限制成员国主席所得票数不超过 45%。同时保证在场代表不超过 45%持票率的前提下，委托人所投的空票会分发给出席的活跃成员国代表。

10. 5　投票

投票结果以赢得多数票数的为准，同时，每一个有表决权的活跃成员国还拥有和它协会旗下会员同等数量的票数，旗下会员数量的上限为150个。

第11条　特别委员会

11.1　组成部分

特别委员会仅由具有表决权的活跃成员国组成。

11.2　职能权限

由联合会主席或受其委托的执行委员会其他人员主持，特别委员会独自持有以下职能权限。

a. 准许对本章程进行各类修改。

b. 召集会员为解决遇到的困难采取相应措施而召开会议。

c. 依据并遵照下文第18条的详细规定解散协会。

11.3　会议

由执行委员会决定或由1/3的活跃成员国写信要求，由单封信函通知，信上要标明会议内容并于开会前至少30天发布通知，该信函由联合会主席或受其委托的执行委员会其他人员签字，特别委员会可以在上述第10.3条提到的普通委员会的类似情况下进行审议。

11.4　委托代理权

委托权数量受限的条件和上述普通委员会第10.4条规定的相同。

11.5　投票

投票结果以赢得多数票数的为准，和上述普通委员会第10.5条规定的相同。

第12条　理事会

12.1　组成部分

联合会理事会由活跃成员国代表组成，每个国家或地区协会代表人数为两人，其中必须包括每个协会的主席，依据会议的不同内容，拥有参考发言权的准会员的全体或部分成员也可以出席会议。

理事会每两年换届一次，由其任命行政委员会人员。

12.2 职能权限

由联合会主席或受其委托的其他人员主持，理事会拥有以下职能权限。

a. 定义联合会的总策略及项目方案。

b. 批准活跃会员国和准会员入会。

c. 制定每年会员缴费的金额。

d. 审批年底各项活动财务账目及联合会年度预算。

e. 授权给执行委员会实施其政策。

12.3 会议

理事会人员可见面开会或以电话会议的形式与会，鉴于一个良好的联合会管理模式，由主席或 1/3 的成员发起，每年至少举行一次会议。除了在第 4 条和第 18 条涉及的情况下，最终决策以大多数活跃成员国投票表决为准。理事会可以在只有半数活跃会员国出席或其代表出席的情况下进行审议，只有活跃会员国具有表决权。

12.4 委托代理权

委托权数量受限的条件和上述普通委员会第 10.4 条规定的相同。

12.5 投票

投票结果以赢得多数票数的为准，和上述普通委员会第 10.5 条规定的相同。

第 13 条 执行委员会

13.1 组成部分

执行委员会自动由每个活跃成员国协会主席或他们的代表组成。

依据第 10.5 条的规定，由执行委员会选出一名主席、多名副主席、一名书记和一名财务主任。

13.2 职能权限

在尊重理事会的决议和其批准的预算下，执行委员会负责实施联合会制定的策略及项目方案。

13.3 会议

联合会执行委员会人员可见面开会或以电话会议的形式与会；由主席发起，每年至少举行一次会议。执行委员会可以在只有半数活跃会员国出席或其代表出席的情况下进行审议，只有活跃会员国具有表决权。

13.4 委托代理权

委托权数量受限的条件和上述普通委员会第 10.4 条规定的相同。

13.5 投票

投票结果以赢得多数票数的为准，和上述普通委员会第 10.5 条规定的相同。

第 14 条　主席

在其任职期间，主席是联合会的法定代表，并享有一个常驻代表团的协助，特别是在理事会和执行委员会的会议期间；在尊重普通委员会投票通过的准则和预算下，实施联合会的方针政策和由这些部门制定的项目方案。主席不能行使职权时，可全权将职权授予一名执行委员会的人员。

第 15 条　薪酬

理事会和执行委员会人员在任何情况下都不能因其所被赋予的职能获得薪酬，除非在理事会对此做出明确批准下，因出差所产生的差旅费，将依据有效的相关法律法规和出示票据的情况进行处理。

第 16 条　宪章修改

只有特别委员会有权根据理事会的提议修改联合会的章程，该提议必须在为此目的召开的会议至少前 30 天发给所有现有的会员。根据第 10.5 条的规定，该决定必须以得到活跃成员国 2/3 的多数票而生效。

第 17 条 内部规定

执行委员会可以根据需要制定内部规定，规定主要明确该章程中各项标准的实施，并提交理事会批准。

第 18 条 解散

只有特别委员会有权决定解散联合会。根据第 10.5 条的规定，必须由 3/4 的活跃成员国做出该决定。

法国最美小镇协会签字：
比利时瓦隆大区最美小镇协会签字：
加拿大魁北克省最美小镇协会签字：
意大利最美小镇协会签字：
日本最美小镇协会签字：

附件 4

中国旅游协会最美小镇分会质量标准
（讨论稿）

1. 宗旨

中国旅游协会最美小镇分会于　年　月　日正式成立，旨在保护、开发、推广中国最美小镇。

本协会为“中国最美小镇”标识的商标持有人。商标注册号为：×××。

本标准于　年　月　日经协会理事会会议一致通过。

2. 加入方式

2.1　资格标准

只有满足以下要求的小镇，才有可能加入本协会，并被授权使用“中国最美小镇”的标识及品牌。

2.1.1　小镇的常住人口在 10 万人以下（若小镇的总人口超过 10 万人，由协会评审委员会根据候选小镇建筑群规模等综合情况确定）。

2.1.2　拥有已列入中国政府官方认可的保护名录的物质文化遗产或非物质文化遗产，被列入世界级保护名录的文化遗产至少一处，或被列入国家级或省级保护名录的文化遗产至少三处。相关证明文件以附录形式呈现，包括但不限于文化遗产名录、相关主管部门的证明文件等。

2.1.3　小镇的规划与建筑，需按照以下标准进行质量评估。

（1）城市规划。

小镇周边的规划；

小镇内建筑群的层级及维度；

小镇内建筑群的均匀度；

小镇内道路布局的多样性；

核心保护区风貌完整性、生活延续性；

小镇历史街巷（河道）规模。

（2）小镇内的建筑。

建筑的和谐性和均匀性；

建筑外围立墙与屋顶所用建材的和谐性和均匀性；

建筑与周边自然环境的和谐度；

建筑的文化、历史内涵；

历史环境要素；

空间格局特色功能；

传统建筑的保护与复原；

建筑门窗的和谐性和均匀性；

建筑外围立墙和屋顶颜色的搭配；

建筑装饰元素的和谐性及象征意义。

2.1.4　小镇的基础设施、开发、推广和发展方式，需按照以下标准进行质量评估。

（1）基础设施。

永久的或临时的交通流量控制措施；

生态环境保护与治理；

危机管理措施及应急预案；

机动车行驶管理与停车管理；

空中高架电缆、电线安置的美观性；

公共照明的设置方法；

照明效果；

绿植的生长和开花效果；

景观植被分隔带布局；

重点公共区域的绿化效果；

广告和招牌的安置；

公共空间的设置；

外面立墙的装饰及翻新周期。

（2）开发。

日常游客人数统计及控制；

住宿条件和娱乐设施；

游览线路设计；

现存的非物质文化技艺及展示体验服务；

现存的商业贸易。

（3）推广。

公众接待服务中心；

参观导览组织机构；

对小镇推介文件的编辑；

旅游导引标识及信息公告栏。

（4）发展方式。

历史沿革典故、人文背景、文化价值梳理整合；

提供本地特色或原创性活动的方案及实施组织；

有长期的或临时的举办文化活动的场所及相应组织机构。

2.2 加入步骤

满足以上标准的候选小镇，入会具体流程如下。

2.2.1 候选小镇向本协会提交书面申请，初审材料可由候选小镇自主提交，也可委托本协会认可的专业中介机构①整理申报。入会申请需同时满足：

（1）入会书面申请需要经小镇主管机关审批同意；

（2）所提的所有文件需保证信息真实、准确，并同时符合本标准第2.1条所载各项要求。

2.2.2　专家组考察候选小镇，按照本标准第2.1条的各项要求对小镇进行评估。专家组考察需要做到：

（1）对候选小镇负责人及专家组遴选的其他相关人员进行访谈；

（2）对小镇的考察应形成考察报告，报告内容需翔实、准确，应包含文字、图片、多媒体等多种内容。

2.2.3　协会评审委员会对专家组的考察报告进行审议，并对候选小镇的申请做出决定。

（1）候选小镇完全符合本标准的要求，同意入会，启动签署流程；

（2）候选小镇不完全符合本标准的要求，启动辅导程序，辅导期3个月，可由评审委员会或协会认可的专业中介机构对候选小镇进行辅导，辅导期结束后重新进行评估；

（3）候选小镇不符合本标准的要求，不同意入会，将拒绝理由书面回复候选小镇。

3. 使用协会标识的方式

3.1　所有被确认具备入会资格的候选小镇，应正式签署本标准，并同时做到以下内容。

3.1.1　在小镇的各个出入口，放置带有“中国最美小镇”和“世界最美小镇”名称和图案的标识。

3.1.2　根据授权使用内容，可将“中国最美小镇”和“世界最美小镇”名称和图案标识使用在小镇各类宣传资料上，但对于该标识的使用

① 参考《瓦隆最美小镇质量宪章》第1.3条：“……标准E将由战略极点旅游办公室和协会管理团进行评估”，是否可以考虑引入专业中介机构参与资料申报与评审。

应当审慎，不得进行任何歪曲和篡改。

3.2　入会小镇的承诺与保证。

3.2.1　不断完善小镇内现有历史遗产的保护工作。

3.2.2　积极参与协会组织的各项活动。

3.2.3　每年准时足额向协会缴纳会费。

3.2.4　在不同的推广活动中与印刷制品上使用“中国最美小镇”和“世界最美小镇”的名称及图案标识，特别是在小镇的各主要出入口放置形制统一写有“中国最美小镇”和“世界最美小镇”的标识。

3.2.5　小镇将本辖区内各个服务提供商（餐饮、住宿、出行、游览、购物、娱乐服务提供商）关于“中国最美小镇”和“世界最美小镇”标识使用的请求统一汇总提交协会，只有请求经协会批准的服务供应商才能获得“中国最美小镇”和“世界最美小镇”标识的使用权。

3.2.6　如果有未经授权就使用“中国最美小镇”和“世界最美小镇”标识的，或使用伪造标识的，一经发现，应立即制止，并向协会报告。

4. “中国最美小镇”和“世界最美小镇”标识使用的方式

4.1　如果满足以下条件，协会中的每个小镇成员将持续享有“中国最美小镇”和“世界最美小镇”标识的使用权。

4.1.1　符合本标准第2.1条的各项要求。

4.1.2　切实履行本标准第3.2条的各项承诺，并且小镇主管部门已通过签署现行的协会宪章而书面确认接受其内容。

4.2　如果一个小镇不再符合本标准，或者违反承诺，协会将采取必要措施，直至撤销其会员资格。

4.3　撤销小镇会员资格的提议由评审委员会做出，报协会理事会审议决定。决定一经做出即刻生效，同时将自动收回“中国最美小镇”和“世界最美小镇”的标识使用权。小镇将有不超过6个月的时间，把“中国最美小镇”和“世界最美小镇”标识从现有宣传形式上彻底删除。

4.4　所有入会的小镇成员需严格执行本标准的规定。

5. 对标识使用的核查

5.1　协会可以对每个入会并签署本标准的小镇随时进行核查，以确保小镇持续符合本标准的要求。

5.2　小镇会员需切实维护协会的各项权益，包括但不限于：制止所有涉及“中国最美小镇”和“世界最美小镇”标识仿冒、伪造、滥用等欺诈行为。

5.3　协会评审委员会执行以下事项。

5.3.1　对所有申请入会的小镇进行指导。

5.3.2　宣布候选小镇正式入会并决定授予“中国最美小镇”和“世界最美小镇”标识的使用权。

5.3.3　核查入会小镇对本标准的执行情况及“中国最美小镇”和“世界最美小镇”标识的使用情况。

5.3.4　对不再满足入会标准及违反标识使用承诺的小镇进行惩戒，情节严重的报请协会理事会取消该小镇的会员资格。

6. 签署加入

6.1　声明已获知晓协会章程和本标准。

6.2　声明已获得小镇主管部门的授权来签署此文件。

6.3　承诺执行本文件中的所有条款。

协会授权代表（签字）：

中国旅行协会最美小镇分会（盖章）：

日期：　　年　月　日

小镇授权代表（签字）：

______________小镇（盖章）：

日期：　　年　月　日

评审说明

（讨论稿）

1. 申报文件的审核

此为申请加入协会的第一阶段，候选小镇需将入会申请及申报材料提交给协会总部，并同时满足以下3个标准。

1.1 乡村小镇的规模：小镇的常住人口原则上不超过10万人，根据中国住房和城乡建设部公布的第一批全国特色小镇名单的小镇常住人口数划定。若小镇的总人口超过10万人，由协会评审委员会根据候选小镇建筑群规模等综合情况确定。

1.2 拥有已列入中国政府官方认可的保护名录的物质文化遗产或非物质文化遗产，被列入世界级保护名录的文化遗产至少一处，或被列入国家级或省级保护名录的文化遗产至少三处。相关证明文件以附录形式呈现，包括但不限于文化遗产名录、相关主管部门的证明文件等。

1.3 确认加入最美小镇是经过小镇主管部门的审批同意，同时需说明申请入会的原因与目的，保证所提供文件信息真实、准确。

加入最美小镇的申请文件请寄往以下地址：

中国旅游协会最美小镇分会×××收；

办公地址+联系电话+电子邮箱/邮编。

申请人需将所需证明文件与申请书同时递交。协会在收到申请材料后7日内正式通知候选小镇，接受其申请或不予接受。若有补充材料，需在收到协会通知后20日内提交。

2. 对小镇的实地评估

所有候选小镇在满足上述3个必备条件，并经协会评审委员会资料初审通过后，其入会流程则进入第二阶段，即专家组考察。考察日期由小镇负责人与协会评审委员会负责人协商确定。专家组考察需要做如下工作。

2. 1　在现场进行。

2. 1. 1　对候选小镇负责人及专家组遴选的其他相关人员进行访谈。

2. 1. 2　按照协会事先确定的小镇基础数据采集表与小镇评价指标体系来收集相关信息。

2. 2　通过对现场采集信息及相关文献的分析，形成考察报告，报告内容需翔实、准确，应包含文字、图片、多媒体等多种内容。

2. 3　依据协会事先确定的小镇基础数据采集表与《中国旅游协会最美小镇分会质量标准》最大限度地从客观角度，对每个项目进行评估。

3. 协会评审委员会的决定

自××××时起，按照协会章程建立协会评审委员会，负责最美小镇入会评审事宜。该委员会由依据其专业资质而选出的 20 名委员组成，其当选期限内的任务如下。

3. 1　原则上会议召开要求一年两次（上、下半年各一次），特殊情况除外。

3. 2　就协会评审委员会相关专家提交的考察报告进行深入了解。

3. 3　经过对专家报告的审议和辩论，有权就候选小镇的入会申请做出以下 3 种结论之一：

3. 3. 1　候选小镇完全符合本标准的要求，同意入会，启动签署流程；

3. 3. 2　候选小镇不完全符合本标准的要求，启动辅导程序，辅导期 3 个月，可由评审委员会或协会认可的专业中介机构对候选小镇进行辅导，辅导期结束后重新进行评估；

3. 3. 3　候选小镇不符合本标准的要求，不同意入会，将拒绝理由书面回复候选小镇。

协会评审委员会将在一周之内将评审结果通知给被审议的候选小镇负责人，候选小镇将于评审决定做出之日起 3 个月内收到由协会评审委员会评审的报告。

4. 签署质量标准

4.1　所有被确认具备入会资格的候选小镇，应正式签署本标准，并同时做到以下六点。

4.1.1　不断完善小镇内现有历史遗产的保护工作。

4.1.2　积极参与协会组织的各项活动。

4.1.3　每年准时足额向协会缴纳会费。

4.1.4　在不同的推广活动与和印刷制品上使用“中国最美小镇”和“世界最美小镇”的名称及图案标识，特别是在小镇的各主要出入口放置形制统一写有“中国最美小镇”和“世界最美小镇”的标识。

4.1.5　小镇将本辖区内各个服务提供商（餐饮、住宿、出行、游览、购物、娱乐服务提供商）关于“中国最美小镇”和“世界最美小镇”标识使用的请求统一汇总提交协会，只有请求经协会批准的服务供应商才能获得“中国最美小镇”和“世界最美小镇”标识的使用权。

4.1.6　如果有未经授权就使用“中国最美小镇”和“世界最美小镇”标识的，或使用伪造标识的，一经发现，应立即制止，并向协会报告。

会员小镇需积极遵守协会章程和质量宪章条款，追求高质量发展与良好内部管理，若存在不符合本标准的情况，指定期限内未予及时采取补救措施的，经协会评审委员会讨论后予以除名。

4.2　协会的承诺如下。

4.2.1　协会非营利性地授予入会小镇享有使用“中国最美小镇”和“世界最美小镇”形象标识的权利与义务，以使小镇具备对外宣传和竞争力上的优势。

4.2.2　通过对小镇成员的领导，以及为每个小镇成员在其追求改进质量，提升名誉和促进发展的过程中提供服务，使小镇成员获益。

5. 申请入会的现场评估

专家实地考察评估费用，包括专家及会务工作人员的交通费、餐费、住宿费、通信费、材料费、印刷费、管理费（含税收、办公费等）、活动组织人员安全保险费等全部由候选小镇出资。评估分为首次评估以及每 5 年一次的再评估，参加评估的候选小镇需做到如下要求。

5.1　由参评小镇平均分摊评估费用，一次性支付评估费用，每次具体评估费用总价经由法定招标程序确定。

5.2　收费通知将附在发给小镇负责人的现场评估确认函中，此函中写明评估日期。

5.3　候选小镇应自现场评估之日起的 10 天内向协会缴纳评估费。

5.4　对于那些候选小镇在首次现场评估后，收到协会评审委员会做出的暂时不予入会决定的，或被拒绝入会的，可以按上述收费的 60% 支付。

附件 5

中法最美小镇保护与发展合作框架协议

中方：中国人民对外友好协会

中国文化管理协会

法方：法国经济文化国际合作发展协会

法国最美小镇协会

2016 年 6 月 30 日

巴黎

中法最美小镇保护与发展合作框架协议

签约方：

中方：中国人民对外友好协会

会长：李小林

中国文化管理协会

主席：周铁农

法方：法国经济文化国际合作发展协会

会长：吉拉尔·古斯

法国最美小镇协会

会长：莫里斯·沙贝尔

为落实习近平主席出席法国气候变化大会成果，以中法地方合作为重点，推动开展更多务实项目，在中法高级别人文交流机制框架下充实中法地方合作内容。

1. 中国人民对外友好协会致力于开展全方位、多层次、宽领域的民间友好工作，与世界上 157 个国家的近 500 个民间团体和组织机构建立了友好合作关系。

2. 中国文化管理协会致力于开展国内外全方位、多领域的文化管理、研究和对外交流。参与制定文化行业相关标准，并组织贯彻实施。其下属的遗产保护与旅游委员会致力于促进古村镇文化遗产的保护和修复、综合治理及良性开发。

3. 法国经济文化国际合作发展协会致力于中法文化、经济领域的交流，尤其是文化遗产保护、修复及有效利用。

4. 法国最美小镇协会致力于针对法国独具特色及历史的美丽村镇，

通过对会员城市提供指导、建议以及系列活动，保护和发展文化名城的古迹与文化，宣传和提升本地经济，在该领域拥有成熟系统和卓越经验。

上述四个签约方经友好协商，达成以下协议条款。

第 1 条

各签约方将积极参与中法高级别人文交流机制及中法地方政府合作高层论坛活动以及框架内的项目，积极参与所有可能促进该项目发展的活动并为此提供便利，包括中法双方将协助对方开展各自文化遗产的展示、展览和推广活动，举办研讨会、讲座、课程培训、新闻报道和广告宣传等。

第 2 条

各签约方应基于平等互利的原则，共同合作，借鉴法国最美小镇协会的设立和运营模式，保护和开发中国小镇的文化遗产。

第 3 条

各签约方应为该项目贡献各自的能力、经验、技术和资金。

第 4 条

中国人民对外友好协会和法国经济文化国际合作发展协会分别代表中方和法方，负责协调组织两国之间的交流项目。中国文化管理协会遗产保护与旅游委员会承担本协议规定的内容和责任，并与法国最美小镇协会全力推进本项目的成功实施。

第 5 条

在本框架协议签署后，法国最美小镇协会将向中方全面介绍与说明该协会的组织机构、运行机制、下属各委员会的职能和运作、会员遴选条件以及加入标准等，并提供相应的书面资料。

第 6 条

中国人民对外友好协会与中国文化管理协会将联合相关机构推动建

立中国最美小镇协会，对于该协会的设立、组织机构、网站建设、运营系统和机制以及各项活动的开展等，法国最美小镇协会将提供经验介绍和咨询意见。中国最美小镇协会成立后，将负责开展与法国最美小镇协会的定期和专业交流。法国最美小镇协会亦将帮助中国最美小镇协会加入世界最美小镇联合会。

第 7 条

中国文化管理协会经过前期考察和可行性研究，将选择一批可以实地开展中国最美小镇项目的地方，并通报给法方。法国最美小镇协会应对中方推荐的中国小镇进行考察并提供指导、建议及其他帮助。

第 8 条

各签约方将建立定期交流机制。各方将共同设立定期论坛并促成中方和法方之间的各自最美小镇协会下属的各委员会的定期交流。

第 9 条

法国经济文化国际合作发展协会的特别合作伙伴单位——法国建筑手工业行会（利摩日）及其全国网络愿意就该项目以及建筑遗产的保护和修复，与中方开展全面合作，各签约方将另行签署相关协议，附于本框架协议后，作为本框架协议的附件一。

第 10 条

法方应介绍申请徽标及徽标利用体系以及知识产权保护的经验，并帮助在世界最美小镇联合会网络内宣传和推广中国最美小镇徽标。

第 11 条

各签约方同意并承诺，就本框架协议以及附件项下并与之相关的所有项目的合作具有排他性，任何一方不得与本协议以外的合作方开展和实施前述项目。

第 12 条

在执行本《框架协议》发生争议或纠纷时，各签约方应本着友好协商的精神予以解决，如未能协商解决，必要时可通过法律途径解决。

第 13 条

本框架协议一式四份，每份以中文和法文书就，具有同等效力，自签署之日起生效。有效期为五年，到期后自动顺延五年，以此类推，除非各签约方对本框架协议的期限另行达成一致意见。各签约方将视必要，协商和签署与实施本框架协议相关的协议或合同等。

于巴黎

2016 年 6 月 30 日

中方：中国人民对外友好协会

签署人：宋敬武

副会长

中国文化管理协会

签署人：李小磊

副会长

法方：法国经济文化国际合作发展协会

签署人：吉拉尔·古斯

会长

法国最美小镇协会

签署人：凡尼克·贝尔贝让

副会长